内家拳武术探微

（上卷）

苏峰珍 著

人民体育出版社

作者简介

苏峰珍，1948年生于台湾高雄市凤山区。

自幼喜爱武术，苦无机缘学习。

1980年，始有缘与林师昌立先生习形意、八卦、太极，历20余年之久，为入室弟子，排行第二。

同门中，练拳最为精勤，从无间断，为林师所赏识，而尽得其传。

1982年至1992年参加台湾地区的各级推手比赛，常名列冠、亚军，为师门争光。1994年取得各级太极拳教练证，经林师认可，开始授拳。2008年参加美国"新唐人电视台"举办的第一届"全世界华人武术大赛"，荣获第三名。

其拳论著作常于太极拳杂志社发表，颇获读者喜爱。

著作有《太极拳行功心解详解》《内家拳武术探微》《太极拳经论详解》（筹备出版中）。

现今于高雄市凤山区文华儿童公园授拳，教学相长，武艺更为精进。习拳最大之愿望，乃能将内家拳武术承授有缘者，永续流传。

教学项目：一、内家拳武术教学（形意拳、八卦掌、太极拳）。二、桩法。三、内劲单练法。四、闪电手。五、苍龙抖甲。六、太极拳发劲八法。七、形意拳发劲十法。八、推手。九、散手（自由搏击）。十、行功心解、拳经、拳论解析。

序 言

何谓内家拳？

一般武术家把形意、八卦、太极归类为内家，之外的归属于外家，大体上是这样区别分类。而实质上要看他的练法，譬如形意拳，若是体会错误，也会变成使力的外家拳；又如太极拳，如果只是外表松柔，没有内劲，只能算是体操罢了，不能称为内家拳；八卦掌如果练成轻忽或类似歌仔戏的走步，也不能归类为内家。反过来说，其他系统，如若能以内家之方法来实践，以运气敛劲来操练，它也可以称为内家拳。所以不能以门派系统作判别。

内家拳武术，深邃宽广，其深处之中，还有更深处，永远挖掘不完，永远学之不尽。笔者习练形意、八卦、太极30余年，犹难探内家拳之底。

仅将在练拳过程中偶有微略之心得笔之于书，就教于方家。

本书各篇章，系按写作时间先后而编排，故无系统上之归类分属，请读者能予海涵。

本书之缮校已尽力而为，错误之处尚是难免，请读者不吝指正。

本书论述见解若与读者有所相异，愿予虚心接受指教。

本书所有论述系围绕着《拳经》《拳论》及《行功心解》而说，其中对理、事或有反复重叙者，是为内家拳之核心理论及个人之见解，请读者阅读后勿以繁琐而起烦恼。

文中若有与人或某师有不同见解之论说，是为笔者个人之心得所异，是对事理而说，非对人身而作评论，且均已隐去其名，还望读者能平心而读，再与经论作比对印证。

是为序。

总目录

上 卷

第1章 内家拳武术略说 …………………………（1）

 一、何谓内家武术 ………………………………（1）

 二、内家武术的功用 ……………………………（1）

 三、武术是一种文化，一种艺术 ………………（2）

 四、武术的种类 …………………………………（3）

第2章 内家武术的阶程次第 ……………………（4）

 一、松身 …………………………………………（4）

 二、站桩 …………………………………………（4）

 三、基本功（内劲单练法） ……………………（6）

 四、拳架（盘架子） ……………………………（7）

 五、推手 …………………………………………（7）

 六、电影"推手"观后感 ………………………（9）

 七、散手（自由搏击） …………………………（12）

1

第 3 章　参访同道 …………………………………… (14)

第 4 章　推手哲学 …………………………………… (16)

　　一、松的哲学 ……………………………………… (16)

　　二、丢掉面子，放弃虚荣 ………………………… (17)

　　三、谦虚的哲学 …………………………………… (17)

　　四、永远不要得冠军 ……………………………… (18)

　　五、修身养性 ……………………………………… (18)

第 5 章　听劲妙用多 ………………………………… (20)

第 6 章　谈喂劲 ……………………………………… (22)

第 7 章　练拳十年 …………………………………… (24)

　　一、有恒 …………………………………………… (24)

　　二、循序 …………………………………………… (25)

　　三、学未精不可为人师 …………………………… (26)

　　四、推手练习 ……………………………………… (26)

　　五、关于散手 ……………………………………… (27)

　　六、结语 …………………………………………… (28)

第 8 章　练拳悟得 …………………………………… (29)

　　一、为何要沉肩垂肘 ……………………………… (29)

　　二、皆知要松，如何得松，松中有劲 …………… (30)

三、谈神 …………………………………………… (31)

第9章　为何要沉肩垂肘 ……………………………… (32)

第10章　站桩与拳架 …………………………………… (34)

第11章　千拳归一路 …………………………………… (36)

第12章　拳架高度之探讨 ……………………………… (38)

第13章　浅谈走化 ……………………………………… (42)

第14章　沉与松 ………………………………………… (44)

第15章　松与力 ………………………………………… (46)

第16章　用意与刻意 …………………………………… (48)

第17章　气势与胆识 …………………………………… (50)

第18章　师生之间 ……………………………………… (53)

第19章　不急于做老师 ………………………………… (55)

第20章　尽信师，不如无师 …………………………… (57)

第21章　"气"在武术中的地位 ……………………… (59)

第22章　形意拳练习漫谈 ……………………………… (61)

　　一、形意、八卦、太极之渊源 …………………… (61)

　　二、形意拳源流 …………………………………… (62)

　　三、形意拳拳名由来 ……………………………… (62)

　　四、拳架介绍 ……………………………………… (63)

　　五、形意拳练法 …………………………………… (63)

六、形意拳练习之我见 …………………………………………（65）

第23章　八卦掌练习漫谈 …………………………………（70）

　　一、八卦掌宗师董海川先生及八卦掌源流 ……………………（70）

　　二、八卦掌的名称 ………………………………………………（70）

　　三、八卦掌的特点 ………………………………………………（71）

　　四、八卦掌练习方法 ……………………………………………（71）

　　五、八卦掌之要领 ………………………………………………（73）

　　六、八卦掌的战斗技巧与处世原则 ……………………………（73）

第24章　太极不用手 …………………………………………（74）

第25章　练拳秘诀——勤、观、悟 ………………………（76）

　　一、勤 ……………………………………………………………（76）

　　二、观 ……………………………………………………………（77）

　　三、悟 ……………………………………………………………（79）

第26章　谈劲 …………………………………………………（81）

第27章　也谈妙手 ……………………………………………（83）

第28章　太极拳不动"足"吗 ………………………………（87）

第29章　论足之双重非病与虚实变化 ……………………（89）

第30章　死功夫与活功夫 ……………………………………（93）

第31章　太极拳不止于拳架与推手 ………………………（99）

第32章　太极教学观 …………………………………………（104）

第 33 章　拳法无定法 …………………………………… (108)

第 34 章　发劲三要件 …………………………………… (112)

　　一、必须下盘有根 ……………………………………… (112)

　　二、必须练就内劲 ……………………………………… (113)

　　三、必须完整一气 ……………………………………… (114)

第 35 章　推手常见的通病 ……………………………… (116)

　　一、根未入地 …………………………………………… (116)

　　二、手无掤劲 …………………………………………… (116)

　　三、体外架设墙壁 ……………………………………… (117)

　　四、腰胯没有落沉没有弹簧劲 ………………………… (117)

　　五、好胜争面子是推手之大病 ………………………… (118)

第 36 章　内家拳为何不易成就 ………………………… (119)

第 37 章　明师何处觅 …………………………………… (121)

第 38 章　武术与实战 …………………………………… (124)

第 39 章　形意之劲 ……………………………………… (128)

第 40 章　形意十年功 …………………………………… (132)

第 41 章　入海算沙徒自困 ……………………………… (134)

第 42 章　松的真义 ……………………………………… (136)

第 43 章　内家拳的慢与快 ……………………………… (139)

第 44 章　寂寞的内家拳 ………………………………… (141)

第45章　听劲与发劲 …………………………………… (143)

第46章　桩功不是最差的功法 ………………………… (145)

第47章　何谓整劲 ……………………………………… (148)

第48章　推手为何变成摔跤顶牛 ……………………… (150)

　　一、老师水平低落，不会喂劲 …………………… (150)

　　二、学生不想用功，欲求速成 …………………… (151)

　　三、裁判水平超低 ………………………………… (151)

　　四、结论 …………………………………………… (152)

第49章　气与劲的实战应用 …………………………… (153)

　　一、气与劲的差别 ………………………………… (153)

　　二、气与劲的修炼 ………………………………… (153)

　　三、气与劲如何应用 ……………………………… (154)

第50章　推手只是功夫的一部分 ……………………… (156)

第51章　太极拳不是豆腐拳 …………………………… (158)

第52章　武术没有无师自通 …………………………… (160)

第53章　以根领手 ……………………………………… (162)

第54章　掤劲之修炼 …………………………………… (164)

　　一、掤劲之涵义 …………………………………… (164)

　　二、掤劲之修炼 …………………………………… (164)

　　三、他山之石 ……………………………………… (166)

第 55 章　内家拳的门外汉 …………………………… (167)

第 56 章　太极拳如何进入实战 ……………………… (170)

　　一、被贬抑的太极拳 ……………………………… (170)

　　二、太极拳如何进入实战 ………………………… (172)

　　三、结语 …………………………………………… (172)

第 57 章　学武术应有的心态 ………………………… (174)

　　一、认清学武的方向目标 ………………………… (174)

　　二、武术没有速成，你得认真老实地练 ………… (174)

　　三、要信受老师，心中无疑 ……………………… (175)

　　四、心存恭敬，不可有慢心 ……………………… (175)

　　五、要亲近老师，保持互动 ……………………… (176)

　　六、学武术贵在专精，不可广学多门 …………… (176)

第 58 章　套路与实战 ………………………………… (178)

第 59 章　塌膝与根 …………………………………… (180)

第 60 章　轮椅太极 …………………………………… (182)

第 61 章　形意拳蹚步练习 …………………………… (184)

第 62 章　内家拳的体 ………………………………… (186)

第 63 章　把身体让给人——谈太极推手 …………… (188)

第 64 章　守着你的气，宝贝你的气 ………………… (190)

第 65 章　形意拳的撞劲 ……………………………… (194)

第 66 章　形意拳对健康的效益 ……………………… (196)

第 67 章	随兴练拳成就难	(199)
第 68 章	如何成就内家拳	(201)
第 69 章	意守神蓄即练功	(203)
第 70 章	武术的虚荣	(205)
第 71 章	抖劲	(208)
第 72 章	何时开始练推手	(210)
第 73 章	形意明暗劲之难易	(212)
第 74 章	塌肩	(214)
第 75 章	中定	(216)
第 76 章	脆劲与 Q 劲	(217)
第 77 章	牵拖	(219)
第 78 章	譬喻与拳理	(221)
第 79 章	断续与丢顶	(224)
第 80 章	默识揣摩	(226)
第 81 章	苍龙抖甲	(229)
第 82 章	内家拳的抗击打	(232)
第 83 章	外家拳与内家拳	(234)
第 84 章	美人手与坐掌	(236)
第 85 章	站桩并不枯燥	(241)
第 86 章	拳理之研究与实践	(243)
第 87 章	绵掌与发劲	(245)

下卷

第 88 章　形意的奥妙尽在五形中

第 89 章　内家拳万法出于三体式

第 90 章　阻力与内劲之关系

第 91 章　内劲的威力

第 92 章　习武应有的礼节

第 93 章　从师不宜貌取

第 94 章　形意拳"八字诀"解析

第 95 章　练拳如登山

第 96 章　武术与街头实战

第 97 章　蜈蚣草之根

第 98 章　后发先到

第 99 章　道场

第 100 章　门外学功夫

第 101 章　气沉的感觉

第 102 章　折迭

第 103 章　学力而有为

第 104 章　"引"与"合"

第 105 章　快何能焉

第 106 章　太极拳的内涵

　　一、桩功

　　二、手的掤劲

　　三、气劲的聚集与储藏

第 107 章　文人式的太极

第 108 章　太极拳要不要练气

第 109 章　内三合与外三合

第 110 章　练拳与毅力

第 111 章　借力

第 112 章　打桩

第 113 章　论"见招拆招"

第 114 章　新武术与传统武术

第 115 章　"斯技旁门"

第 116 章　练拳与呼吸

第 117 章　太极拳没有秘传

第 118 章　为师莫误人子弟

第 119 章　师傅留一手

第 120 章　改拳

第 121 章　进退须有转换

第 122 章　能呼吸，然后能灵活

第 123 章　落胯

第 124 章　撞墙功与发劲

第 125 章　腰胯带动四肢

第 126 章　双重之病未悟耳

第 127 章　拳之规格与风格

第 128 章　懂劲

第 129 章　接劲与沾黏

第 130 章　专气致柔与顽松

第 131 章　意在精神不在气

第 132 章　太极之腰

第 133 章　教拳应以功体为主轴

　　一、要"力由地起"

　　二、各个关节的折迭贯串

　　三、手要有掤劲

　　四、丹田之气的灵活运用

第 134 章　呼吸与练气

第 135 章　太极拳与膝关节保护

　　一、拳架部分

　　二、推手部分

第 136 章　为什么不会发劲

第 137 章　二争力

第 138 章 　肉架子

第 139 章 　武术的迷思与智慧

第 140 章 　在桩功中打拳

第 141 章 　拳经、拳论之重要性

第 142 章 　崇师与情执

第 143 章 　一门深入

第 144 章 　太极拳以慢练为宜

第 145 章 　势

　　一、身势

　　二、形势

　　三、招势

　　四、力势

　　五、气势

第 146 章 　奇正相生

第 147 章 　形意劈拳

　　一、拔

　　二、躜

　　三、劈

第 148 章 　真人之息以踵

第 149 章 　三盘落地

第 150 章 　功夫不能冷冻

第 151 章　气要入桩，桩要入地

第 152 章　割草悟拳理

第 153 章　顶抗与接劲

第 154 章　颈喉运气与丹田关系

第 155 章　老实练拳

第1章 内家拳武术略说

一、何谓内家武术

武术俗称"功夫",或"搏击打斗"技术。内家武术是一种藉由肢体的动作及呼吸吐纳与意念之导引,经过长时间的锻炼累积而成就的一种自身拥有的内劲功力与防御技巧。

内家武术不尚于拙力的运使,也不借助外物、器材或外敷药洗、内服伤药或运功散之类,而是以松柔平和的练气方式,令气敛入筋骨,成就内劲,达到健康之目的与技击之效果。

二、内家武术的功用

1. 健身

通过各种招式的锻炼及呼吸意念的导引,使肢体得到运动,内脏得到按摩鼓荡,从而增进气血循环,增强新陈代谢及免疫能力,达到健康、延年益寿之目的。

内家拳也是气功的一环,通过以心行气,令横膈膜上下驱动,使五脏六腑得到运动及气的温养,是一种内在和平的养生运动。

2. 防身

经过"推手"及"散手"（或称自由搏击）的锻炼，使全身肌肤神经触感产生灵敏的觉知，而能在技击时，达到"听劲""接劲""化劲"和"懂劲"，亦即将对方攻击而来之力道，经由"走化"之技巧，使自身避免受攻击或减轻被伤害之程度，达到防卫的功能。

三、武术是一种文化，一种艺术

1. 武术是一种文化

某些文人鄙视武术，认为武术是莽夫的玩意儿，是江湖术士的把戏。这是孤陋寡闻，是错误的见解。

试观中国历代的武将，如武圣关公、岳飞、戚继光等，都是武术高手，他们允文允武，文采飘逸，洒脱雄伟，壮阔豪迈，青史留名。宋太祖的武功无话说，苏东坡不只文章好、诗词美，气功更好；霍元甲、黄飞鸿等民间传奇人物，武术都是家喻户晓，他们的爱国情操，更是令人敬服。武术家功夫好，正气泣鬼神，个个都是仁人君子，是正气塞天地的忠义之士。

所以，武术可谓是中国的传统文化，武术可以历代传承，与历史永远同在。

2. 武术是一种艺术

武术不仅呈现肢体之美，还有力学之美、速度之美、变化之美，所以它是艺术的；武术追求如何御敌防身，如何以小制大，如何以弱胜壮,如何以柔克刚,更是深不可测的艺术。武术蕴藏着力学、科学、哲学与佛学,武术确实是艺术的。

四、武术的种类

武术的种类不胜枚举,在中国有武当、少林、太祖、螳螂、鹤拳、猴拳、醉拳,还有形意、八卦、太极等;外国则有柔道、摔角、跆拳、空手道、泰拳、相扑等。

中国武术家将武术概分为内家拳与外家拳,系以练习的方法而加以区别。内家拳,以练气、练意、练松、练柔为主,锻炼特别强调以意导气,以气运身,达到气沉丹田,凝气入骨,形成一种强烈的爆发力,它在应敌时,不以蛮力取胜,而是运用内劲与听劲走化反应来制敌。

外家拳,比较崇尚外力,练习时肢体动作大,出力大;更有专练击破、砍砖等较具摧毁性的功夫,如韩国的跆拳、日本的空手道及中国的铁砂掌等,是藉外表皮肉的打击锻炼与药物的擦洗,使表皮骨骼坚硬如铁,达到制敌的目的。

练外家的,到了相当的水平,有的也会渐渐练入内家,如少林内院,专习内功,不再是挑水、劈材、举重与外壮。

练内家的,如果悟力不深,也只能停留在打空架子当中,外表松则松矣,无法练出浑厚的内劲,健身虽有,功夫则无,如现代一般练太极操者。

内家与外家的分野,不是外表之招式,而是练习的方法与悟性的深浅,如果练错,内家会变成外家;如果练对,外家也能成内家,所以,不必执着内家或外家。

第2章 内家武术的阶程次第

内家拳的阶程次第，为松身、站桩、基本功、拳架、推手、散打搏击。分述如下：

一、松身

松开全身之各大关节：手、腕、肘、颈、肩、脊、胯、膝、踝。

运用动作、势法，将全身各大关节慢慢舒缓，伸展筋骨，以心行气，使血液细胞活动起来，令气血通行顺畅无碍，从而增进练功之效力及减少运动之伤害。

二、站桩

1. 站桩略说

站桩就像一栋房屋建筑物的地基。基础稳固，功夫才能有成就，否则犹如空中楼阁、镜花水月、海市蜃楼，虚浮飘渺，一点也不实际。现代人急功近利，喜欢速成，又怕吃苦，所以功夫难有所成。古人练功夫，一站桩就是好几年，形意拳入门要先站三年桩。基础打好了，架式、招式练起来就如顺水推舟，简单得多。没有站桩作为基础，架式打得再漂亮，也是花拳绣腿，绣花枕头，空架子一个。功夫是靠时间的累积与用心的锻炼，急不得的。

2. 站桩的种类

站桩的种类概分为浑元桩（平马桩）、三才桩（形意桩法）、提手、琵琶桩（太极桩法）、伏虎、达摩桩（八卦桩法）等，不胜枚举。

可依自己的体型、兴趣、性向，选择喜欢的桩法练习。

形意拳名家王芗斋先生在武术大成后，只以桩法养拳，创造了许多站桩法，着有"王芗斋意拳站桩功"问世，学者可以参考。王芗斋先生有一句名言："大动不如小动，小动不如不动。"是专指站桩而言，学者不妨参悟其中涵意，或许会有所得。然而勿以为只练站桩就是功夫的全部。人家是由无（功夫）练到有（成就），由有而舍为无（不执着），归于平常。所谓平常心就是道，千万不要会错意，练错法。

3. 站桩的目的

站桩的目的是稳固下盘，保持重心平衡。下盘稳固，身形才得轻灵，才能活泼，在应敌时，无论前进后退，左腾右闪，上跃下冲，游身走步，方得中定完美。桩功基础打好了，在发劲时，才能打桩入地，增强爆发力及整劲。

4. 站桩的要领

虚领顶颈、含胸拔背、沉肩坠肘、松腰落胯、坐掌舒踝、气沉丹田，导入涌泉，落地生根。

初习站桩，从 3 分钟起练，渐增至 30 分钟，须循序渐进，避免造成伤害。

5. 站桩要诀

气要有往脚底穿钻之意，后脚有向前蹬劲之意，前脚有往后撑劲之意，恰似两根柱子，互相支撑，互有依靠，乃能稳如泰山，固若金汤，犹如金字塔一般。

三、基本功（内劲单练法）

1. 单练法

运用各种单式，如云手、采手、缠手、推磨、按掌、翻掌、盖掌、穿掌、托掌、抖掌等招式，以缓慢、导气的方法，进行来回反复的练习。

2. 内劲练习诀要

以心行气，以气运身，以腰为主宰、为主动，去牵引肢体，去拖曳身体，要懂得借地之力，使被牵引、被拖曳的肢体，有被拉扯、拧扭、旋转、钻串及气沉、气胀、气随的感觉。行功即久，内气凝聚增长，终而敛气入筋透骨，蕴藏无尽的内劲，蓄而待用。

内劲无色无味，看不到，摸不着，然而它的确是一种能量、一种元素、一种磁场、一种隐藏的爆发力，而且它在应用时，那种排山倒海、泰山压顶、气势逼迫的情状，令人惊悸、战栗、惶恐、魂飞魄散。

四、拳架（盘架子）

盘架子，就是学招式，练把式，将整套拳法的一招一式，从头至尾演练完成。

站桩是房屋的地基，树木的根；盘架子可谓是房屋的梁柱、树木的枝干。

盘架子的要领与站桩相同，尤须注意身体中正安舒，迈步轻灵，虚实分清，腰为主宰，神宜内敛，上下相随，内外相合，意气绵绵不断，动作连连不绝。

盘架子每日不得少于 2 小时，须练到内气腾然，气遍周身，整体舒畅，练后精神焕发。如果练后精神萎靡不振，则是练错了方法或透支了体力，"过"与"不及"皆不合乎中道。"过"则伤身，得不到练拳的益处；"不及"则如煮水，未到沸腾，终是无益。

五、推手

1. 推手略说

推手或称揉手、磨手、搭手、黏手、割手，各家名称不一。

当一个武术练习者在桩法与盘架子有了相当的基础，内劲也逐渐累积后，接下来就要练习推手。

通过粘、连、黏、随的训练，使皮肤神经的触感反应日渐灵敏，从搭手中对于对手劲力的大小，来迹去向，均能慢慢感知，进而知己知彼，感而遂通，随心所欲，所向无敌。

2. 推手的练习

(1) 自我练习

在没有对手可以互练或没有老师在旁指导时，自己可以用下列方法自我练习。

转腕：

两只手腕十字交迭，轻轻黏着，然后向外互转，几十圈后反向内转，以不丢不顶为原则，两手腕必须缠黏着，不可分离断续。用心思去想象手腕互相摩荡的感觉。

旋臂：

右手轻触于左上臂下方，慢慢贴摩至左前臂、腕、掌，左手慢慢抽回轻触于右手上臂下方，慢慢贴摩至右前臂、腕、掌，反复贴摩练习。

摩腹：

左右两上臂内侧轻贴于左右腹侧，往后摩，至前臂内侧，至手掌掌面。沿掌背滑至前臂外侧，至上臂内侧，回旋到原起点，反复练习。

击腹：

在练习至相当的水平时，丹田凝聚了内气，已经不怕击打，可以以两掌心、掌侧轻轻拍打腹部，力道可以慢慢加重，以自己能够承受为度。击腹可练习丹田腰围腹部之间的听劲反应，及接劲与抗打击前方便功夫之练习。

(2) 同门师兄弟及拳友之互推练习

两人搭手后，先练定步单推、双推，运用掤、捋、挤、按、采、挒、肘、靠等手法，一来一往互推，再以活步无定法方式互推，其要领须以缠黏贴随，不丢不顶，不用蛮力，纯以锻炼神经的反应，以松柔、轻巧为原则。在心理上，应摒除好胜心，不可争强斗胜，如果怕输爱面子，虚荣心作祟，就会使出蛮力，造成肌肉神经之紧张，内劲反而缩收，功力不能进展，永远无法练好推手。以平常心练习推手，胜负不计，输了再来，败了再起，败是胜的阶梯，没有失败作阶梯，将达不到胜利的目的地。往松柔的目标缓缓励行，成功的终点会提前来到。

六、电影"推手"观后感

"推手"影片并不是一部纯功夫片，没有紧张刺激的动作及曲折离奇的剧情，它是一部内心戏，由郎雄饰演剧中孤单的老人，因为演技细腻，获得金马奖最佳男主角。剧中描述一位中国老人在美国与儿子和外国媳妇的生活情形，由于异国风俗习惯与民情文化的不同，使得外国媳妇与老爸格格不入，更由于媳妇内心的排斥，对老爸的一举一动均不能接受，致无法专心从事写作工作，最后导致胃出血而入院。

媳妇经过疗养出院后，依然无法容纳老爸。一天，老爸因为小家庭气氛太沉闷，往外头遛达，在人生地不熟的美国，迷了路回不了家。儿子得知父亲走失的消息，急得如热锅上的蚂蚁，驾车四处寻找，经过几度的寻找不着，原来对妻子百依百顺的儿子，对妻子发了一顿脾气，把家当摔了满地，终于摔醒了妻子的心。

老爸虽被警方寻着送回，但为了顾及儿子与媳妇一家生活的圆满，离家自寻生活，到一家中国餐馆帮人洗碗盘，由于洗碗盘身手不利落而备受老板奚落，第二天就要将他解雇，并且出言相辱。老爸受辱不肯离开，老板令其手下欲强行拖出，唯老爸练过太极拳，深谙推手功夫，只见他原步未动，马步一扎，身形微沉，利用听劲走化技巧，七八个壮汉无法将他移动半步，老板只得报警处理。老爸被警方带走，内心甚为感慨。后来儿子将老爸保出，并买了一间较大的房子，也为老爸准备了一间练功房，欲接老爸回家，但老爸不想破坏儿子一家温馨的生活，独自在外赁屋而居，并在华人活动中心教授太极拳。

这个片子剧情虽简，却极有观赏价值，其中对中国一些孤单老人在海外生活之孤寂、无诉，刻画深入，尤其在有关太极拳方面的探讨，值得细心体悟。此片几点值得一提。

1. 沉静与浮躁

片头开始，郎雄在窄小的房间打太极拳，系杨家传统拳架。郎雄有无练过太极拳，我们不清楚，而他在片中所盘的架子，均能符合拳理，身躯中正安舒，动作匀慢、松柔、沉稳、自然、安静，神气内敛，许多人练太极拳一二十年，功力还达不到此等境界。从他的神情、动作所给人的感觉，完全是一片寂静，彷佛全世界所有的东西都被抛开了，独自浸淫在拳的意境之中。反观隔房的媳妇，因内心的排斥，所以老爸打太极拳虽无声无息，却也能引发她心里的浮躁，而致无法安静写作。这说明了一个人如果没有包容的胸怀，永远得不到快乐，芝麻小事都能引发内心的浮躁、焦虑、闷怒与不安，而致疾病丛生。

练太极拳，讲求一个松字，如果心胸狭小，心里不松，则气浮胸闷，不但得不到健康，还容易致病。人的心胸，大可包容万物，小则如眼睛容不下一粒细沙。练太极拳宜心胸广大，要有一颗菩萨般的心肠。

2. 松的重要

媳妇由于对老爸的排拒，终日神经紧张导致胃炎，老爸懂得汉方医理，为其把脉医治，然媳妇太紧张不能接纳而引发胃出血。太极拳处处都讲求松，不松就犯了太极拳的大忌，平常人如果压力太大，不能放松，终会导致无穷的病患。

3. 练神还虚难

老爸在片中曾两次言及练神还虚难。一次为两代之间的代沟，使其内心感慨万千，另一次为离家出走到餐馆上班，被老板出言奚落，回家后甚为难过，虽盘腿想打坐入静却不得静，有感而语。练神还虚属上乘功夫，万人之中难得一二，凡夫俗子无法达此境界，练神还虚，需透过修行，凡事不执，包容万物，不住名利，不留半点尘埃。

4. 成就的定义

老爸在片中自叹，其父祖辈都是有名望地位的人，儿子亦是留美计算机博士，只有自己练拳一生，无所成就。其实，一个人的成就，并非以名望地位来衡量，就如老爸的儿子虽是计算机博士，每天还是得为生活汲汲营营，甚至想买一间较大的房子也是大费周章。老爸一生虽平平凡凡，然对追求武功的挚爱执着，却令人肃然起敬。

5. 题外话

内人看完影片后对我说，我们的儿子以后不要让他到外国去，也不要娶外国媳妇。这当然是妇人之见，儿孙自有儿孙福，海阔天空任遨翔，养儿防老的观念已在改变，凡事靠自己。年轻时要勤劳知所积蓄，到老自不必依赖他人，儿女有自己的生活方式，能合则同享天伦，否则还是自己生活较为自在。

6. 结论

综观《推手》影片，其主题乃在阐述推手之意义，不只求得身体之平衡，更需求得心理的平衡，要淡置喜、怒、哀、乐、贪、瞋、痴、妄，凡事臻于化境，随顺圆融，如此则近道矣！太极拳最终之目的，乃练神还虚，练虚合道。

七、散手（自由搏击）

1. 散手略说

散手就是对打搏击，是近身肉搏。

一般说来，散手是推手的进程。推手是散手前阶，不是功夫的最终目标；有人在推手比赛中得了名次，就自以为功夫已经了得，但在搏击时，却被打得落花流水。

须知，推手只是功夫的一小部分，真正的功夫是在搏击时能随心所欲，自然反应，立于不败之地。

2. 散手练习

从练习过的招式、拳法，一招一式拆开，先以固定一个招式，两人一组，一攻一守互练，至纯熟后再换招式练习。进而以不定招式互练，变化不同的攻守方法。也可事先在心里模拟各种用法，实际应用到散手里。

总之，必须练至能自由应变、得心应手，在临敌时，心不惊，肉不跳，胆识佳，气势壮，神闲气定，如入无人之境，才可谓有成。

第3章　参访同道

佛门有所谓参访，即佛门弟子在修行有成就后，到名山古刹去参访高僧大德，印证自己所修所证是否真正契道。

一个武术家，功夫到达相当的水平后，宜虚心地向各地名人好手讨教切磋，以便从中增广见闻，吸取实战经验。须知，强中尚有强中手，一山还有一山高，莫做井底之蛙，划界自限。

三人行，必有我师，能吸收他人的优点，融汇成自己的精华，才是有智慧的人。但却勿骄矜自负，以为自己功夫了得，争强好胜，恶意找人踢馆，以免招惹强敌，而被讥为好斗的武夫。

戚继光的《拳经捷要篇》谓："既得艺，必试敌，切不可以胜负为愧为奇。当思何以胜之？何以败之？勉而久试。怯敌还是艺浅。善哉必定艺精。古云：'艺高人胆大'。信不诬矣！"

意思就是说，学成了拳艺，一定要去参技试敌，看看自己练的能不能用，不可因胜了而骄傲，或败了而难为情。应当思考胜败的原因，力求改善进步，并勉励自己去作经常性的比试实验；有怕敌胆怯之心，那就是自己的拳技低浅，如果各方面都很善巧，能随心所欲，应付自如，则拳艺已到精湛境地。所以古人常说艺高人胆大，实在不假。

切磋，是诚恳地讨教，不是恶意地踢馆。如果，自己技劣，当思图进，再加奋励图强；相反的，技胜于人，也要让人有台阶下，不要令对手有失面子的感觉，这样才是仁慈的武术家。

第4章 推手哲学

武术是一种深奥的艺术，推手则存有高深的哲学。

一、松的哲学

老子道德经云"专气至柔，能婴儿乎"。人在婴儿时期，全身筋骨、肌肉、神经等都是松柔的，所以偶而不慎摔跌，均能顺势而倒，由于没有顶抗力，很少有筋骨断折、脱臼、受伤等情形。

而在成长的过程中，因受生活环境的影响，及频频使用拙力等后天积习，使神经肌肉变得紧张，筋骨变得僵硬，所以在有突发事件发生致身体倾跌时，第一个自然反应就是神经先行紧张，而后肌肉筋骨变得僵硬，并且会更加用力顶抗，使身体不致倾跌，但其所得均是反效果，终于导致筋骨断折等重伤。

推手之练习，乃是要把我们后天积习所累生的僵硬、刚拙抛弃，以期回复到婴儿时期的松柔，如同天蚕再变，要把所有的蛮力抛弃，要在松柔中练就有弹力的内劲，而不是以大力胜小力，以蛮力取胜。

这种道理，稍有推手常识的人都知道，但有几个人能做得到呢？谁愿意放弃先天就赋有的力量，因为如果放弃这种蛮力，在推手中就要长期忍受失败的痛苦，谁都不愿意把这个面子丢掉，所以能练好推手功夫的人就微乎其微了。想得到高深的推手功夫，只有往松的道路追求。

二、丢掉面子，放弃虚荣

好胜心与虚荣心是人类的本性。在推手中，每个人都是好胜的，如果斗赢了，虚荣心会立刻显现出来，摆出一副胜利者的姿态；斗输者就如同败阵的公鸡，垂头丧气。

好胜心太强，虚荣心过于作祟，就永远无法成为太极高手。为了要享受一时胜利的快感，在推手过程中不得不力拼，为了虚荣心的作祟，不得不使出全身的蛮力。以蛮力取胜惯了，就无法体会松柔的意义，无法在松柔中得到真正的太极内劲。

三、谦虚的哲学

在推手中要存有谦虚之心。对方实力如不及自己，也不要把对方发得太难看，只要对方浮了、倾了，即应适可而止，大可不必让对方跌了或倒了，而满足自己胜利的快感。有些人是丢不起面子的，不要把快乐建筑在别人的痛苦上；有时不妨故意让对方几下，使对方没有输的感觉，如此皆大欢喜，这才是真正的高手。

心存谦虚，无论到哪里与人推手，皆受欢迎，反之，则没人愿意与之推手，那么功夫只有静止在那边，无法再有进境。

四、永远不要得冠军

比赛是印证自己功夫的时机，不要为了怕失败而不敢参加比赛。不要把比赛的输赢作为功夫深浅之论定。输赢的因素很多，输的不一定功夫差，赢的也不一定功夫好。如果在比赛场合侥幸得胜，不必太沾沾自喜，要检讨自己是否以蛮力取胜。

许多在推手比赛中得到冠军的人，功夫就静止在那个阶段。原因是为了面子关系，因为冠军得来不易，名声风光得来不易，为了要保持这个面子，保持这个冠军，往往不再轻易与人推手，怕万一输了，丢了面子，丢了冠军，丢了一时英名，所以功夫就无法再更上一层楼。

如果想练就高深的太极功夫，那么比赛永远不要得冠军，否则就看你能不能把那可爱又可恶的面子丢掉。

五、修身养性

人是一种易怒的动物。在推手中，修养差的人，如果被发出几下，很容易就会动怒，一怒则心火上升，全身神经贲张，此时就会硬打蛮攻，完全忘了松柔为何物。所以平日生活要注意修身养性。

不吃太油腻、太刺激的东西，远离烟酒，不要沉溺声色场所，少玩股票、彩票，这些都能使人心志消沉，神意不定，神经紧张。

人如果大病一场，将临死亡边缘，就能体会人生没什么好争取、好计较的；在能看透生死时，才能有所觉悟。内家拳的最后功夫乃练神还虚，与道合真，所以，要有长远的目标与理想，不要贪图一时的快感而去争胜、争面子。

综上所述，松柔与面子、虚荣、谦恭、修养都是相互关连的，能够修身养性才会有一颗谦虚的心，有谦虚的心，就会把面子问题看淡，把输赢看淡，把虚荣看淡，不会与人争强斗胜，如此全身才能保持松柔，在松柔中领悟真正的内家功夫。

功夫是无止境的，能懂得推手哲学，对功夫的追求，定当有所帮助。

第 5 章 听劲妙用多

听劲不仅限于推手或散手的运用，在日常生活中，听劲的妙用实在无法细数，俯拾皆是。

走路时不慎滑跤，在失去平衡将跌倒之际，我们的知觉会立即反应，将身体调整于平衡态势，不致摔跌于地，这是听劲觉知作用。

在公共场所与朋友相饮，如朋友酒醉发颠，语无伦次，欲将其带离现场，光靠蛮力硬拖硬拉是行不通的，如果练过推手，只须一手贴其手腕或手臂，另一手顺其背后穿过腋窝，随其动向半推半就半引，即可很容易将其架离现场。

开车在泥泞的山路上行驶，轮胎容易打滑，练就了听劲，双手握住方向盘，可以感知轮胎在泥泞中滑动的情形，以触感操纵车子，导向正确的轨道，避免危险发生。

钓鱼是有技术的，除了水流、风向、鱼性、鱼饵外，最重要的就是听劲。鱼儿吃饵时是否已上钩，全凭手指握竿的感觉。上钩后鱼会挣扎，这时双方的对峙，就像临场的推手战斗一般，鱼来我往，对方用力我放松，敌刚我柔，对方无力放松时，我就引他，慢慢拉他，以无力对抗有力，以柔制刚，最后鱼儿力尽，轻松收线。如果硬拉硬扯，将是线断鱼逃，两败俱伤。

跳舞带舞须要听劲，高手带舞，往东往西，全掌控在手指之间，穿梭灵活轻飘潇洒，令人赏心悦目；拙手则在寸步难移的舞池，亦步亦趋，左碰右撞，有时脚踩到舞伴，有时背撞上别人，好像玩碰碰车，糗态百出。

骑马要靠双腿挟靠马腹，两臀紧贴马背，两手拉着缰绳，身体随着马儿上下起伏跳动，全靠触感维持身体的平衡，如此才不致翻落马下。

玩呼啦圈是以腰胯来听劲掌控，才能使呼啦圈悠游于腰间，不致掉落脚下。

骑机车或脚踏车，遇路况凹凸不平，颠簸震动，依靠听劲随车起伏，才不会震痛臀部。

溜大狗，须以拉绳来听劲，沉肩垂肘。要注意，狗儿发起飙来，不小心就会拉伤您的手臂。

听劲不只运用于推手技击之中，在日常生活里，很多事物都与听劲息息相关。善于运用听劲，无形中可以防止意外事故发生，减少伤害，及增加生活情趣。

第6章 谈喂劲

人一出生，需要母亲的喂食，才能日渐茁壮长大成人。练拳者需要依靠师父来喂劲，才能体悟劲的用法，才能由"听劲"而至"懂劲"。

现在一般习武者均偏重于盘架子，尤其一些所谓的"拳头师"，打拳很好看，在实战对打中往往不堪一击。由于老师不懂得如何喂劲，因此练拳的人真正学到技击功夫的少之又少，喂劲的功夫几濒于失传。

拳术练到了一个相当的水平，为师者应当对徒弟善加喂劲，通过化劲及发劲的练习，使其内劲慢慢爆发出来。

练习发劲之前，要先懂得如何接劲。接劲含有化劲的成分在内。简单比喻，如打棒球，捕手在接球时如果硬接，在碰撞的刹那，会发出一股巨大的撞劲。因球被击，飞出去的力量与速度是很大很快的，硬接时，球定会被震出，手腕也会被震伤。所以在接球的刹那，必须顺势往后往下坐劲，也就是化劲，如此才能化去球的猛力。接劲与接球的道理相同，要在此中体悟消息。

接劲之练习，先由老师向学生做势发劲，让学生练习如何接。劲由小而大，由慢而快，经长期训练之后，神经感应会慢慢产生灵敏作用，也就是所谓的"听劲"。听劲练出后，慢慢进入"懂劲"的阶段。此时对方来劲之大小及快慢动向均能感知，接劲及化劲的功夫已经成就。

只知走化，不知反击，永远是挨打的架子。反击的时机为何，需要为师者高度的技巧，才能使学生在喂劲的过程中慢慢去感觉、去体会，其中包含两者之间高度的默契。

起先为师者做势发劲，学生应势而接，在来劲将尽之际，要抓住时机，反击而出。这其中的比喻，就如我们用力去按一块弹力很大的弹簧，在下压的力量将尽时，会被反弹而出。应让学生体会出那弹簧反弹之劲。

拳理所云"四两拨千斤"，乃是借力使力。假使对方未使出力量，要将其发出，势必会付出与对方体重相等之力，对方体重如果超过于您，如何推动得出，只有借力使力，来力愈大，反弹之力愈大。

喂劲做势被发，需要高度的技巧，要让学生练至发劲时又轻又巧，完全是一种反弹力，不是硬力。反弹发劲的时机，快了变成相顶撞，慢了又得不着机势，要不快不慢，恰到好处，得机得势。

在训练当中，为师者偶而做势被发，偶而做个引劲将学生发出，速度时慢时快，劲道时大时小，使学生的触感知觉慢慢产生灵敏作用。

喂劲练习的道理，彷佛我们小时候玩打板球，球是海棉体连接一条可以伸缩的小橡皮丝线，当球打出去时要顺势拉回，再打出去，连续不断。如果击出与拉回的时机拿捏不准，就无法连续拍打；技术纯熟了，闭着眼睛照样十拿九稳，玩球于手掌中。打板球的技巧，完全在于听劲，当我们练会了听劲，到达懂劲阶段，闭着眼睛也可以将敌人打击出去。

老师不能时常在身边为我们喂劲，在懂得喂劲的道理后，可以与师兄弟或识性的拳友互相喂劲，切记不可争强好胜，使用蛮力，忘记松柔。如此有恒的练下去，两三年就能打好推手的基础。

第7章 练拳十年

一个人做一件事,如能持续十年不间断,多少会有一些心得,一些感想。以下是我练拳到第十年时的感想。

一、有恒

做任何事首先要有恒心,恒心是一切事业的根本。做事如果不能持之以恒,半途而废,一定不能成功。在我学拳的十年中,同门师兄弟不下数百人,但均有如浪潮般,一波来一波去,能持续者寥寥可数,有的已正式拜入师门,亦不例外,诚为可叹!我曾建议吾师,立下规矩,无恒者不收为入室弟子,既为入室弟子,定要有恒心学成本门功夫。现今各地教练场,此情比比皆是,"头阿兴兴、尾阿冷冷",个中原因何在,或许教练者不无自我检讨之所在,然练拳者无恒心、无耐心是为主因。

所谓"十年太极不出门",意指学习太极拳,不用功十年是无法成就的。太极如此,形意、八卦何尝不是,功夫没有一蹴可成的。所以说要下工夫,以时间、耐心、恒心去磨练功夫,始克有成。

二、循序

循序，至为重要。练拳定要循序渐进，逐步而学。初学不可急躁，妄想一步登天。所谓功夫，就是时间的累积，首先要从基本动作学起，由浅入深，由简至繁，逐级升进，先做好松身、柔身法，再扎实站桩、拳架，进而练习推手、散手等。教授者也要循序而教，立下教学的程序步骤，逐级而授。好像求学念书，从小学起，再而初中、高中、大学。

每见一些教练，老在纠正学生的拳架中徘徊，未能一步一步往上教，学生认为无东西可学，自会中途离去。有拳友跟一位老师学拳，一晃八九年过去了，至今还在调整修正拳架，无有进境。是学生怠学呢，还是老师惰教？令人费猜疑，有些老师是会误人子弟的。

所谓循序而教，譬如在小学，首重字母发音，字体写正，但总要因材施教，不可能每个学生发音都正确，字体都端正，只要不偏离太多，求学之进度仍可一年一年升上去，初中、高中、大学一直往上读去。

练拳的道理也一样，每人的架势均有不同，只要不偏离拳理，还是可以练出功夫的。为师者如果老是在拳架上吹毛求疵，则学生起先是不敢在老师面前练拳，最后干脆离开老师。现在是工业社会，一切讲求速度，练功夫当然不能讲求速度，但起码要有一个时间表，让学生有序可循，一路往上学去，求知欲及成就感会使他一路往上学。把拳架、推手、散手比作小学、中学、大学，等他学完所有课程，他会再钻研更深的学问，练更深的功夫。

三、学未精不可为人师

为人师者不仅只会拳架,尚要精于推手与散手,对于拳理、拳论更应有深入的探讨,并配合种种教学必备之条件。有好功夫未必是一个好老师,没有功夫则绝不能当老师。现在拳界常见此情形,好多学拳学了一二年,学会拳架,涉猎了一些拳理,可是对推手、散手却一窍不通,就急着想当教练,不仅误了学生也误了自己。

练功夫莫说十年,如果没用心练,到老还是一事无成。所以练拳还是老老实实地练,真的练到了东西,功夫有成,人家自然会找上门来跟你学。

四、推手练习

推手可分定步推手与活步推手。初学宜由定步推手起练。定步推手有单手平圆推法、双手立圆推法,进而活步掤、捋、挤、按、采、挒、肘、靠、小捋、大捋等,均需由老师慢慢喂招,让神经熟悉了听劲。

普通推手皆以手为主,其实听劲全身都可练习,如大腿、膝、小腿,都可由两人互相贴黏练习,以腿对腿互粘互发,甚至腰胯、背脊、肩部、臀部均可练习,正所谓浑身是手。功夫深时,全身都可听、可化、可打,而进入"懂劲"的阶段。

五、关于散手

现今国内武术界最大的缺点，只教拳架，不教实战对打，拳架一套一套地教，兵器一套一套地学，学生练得兴致勃勃，老师也教得不亦乐乎。如以运动健身而言自无可厚非，若以武术整体观点而言，这只是学了些枝末而已，不能与人言武术。武术不仅是强健体魄，还要深入技击自卫等艺术范畴。

有些教授者主张拳架熟稔了自能运用技击，此种理论应予推翻。拳架无论你打得怎样滚瓜烂熟，如果没有通过散手的对练，永远都是一种死功夫。因为人是活动的动物，在互相搏击时，除了功力内劲之外，还要加上实战经验，那都是真枪真刀，非是凭空想象、思维推理所能致之的。

有些很会推手的高手，在遇到实战时往往被打得落花流水，为何这样？因为这些"高手"大部分只会蛮力取胜，也大部分局限在推手的框框中耍玩，很少去练习实际对打，而且有些连最基本的内劲亦未练就，怎么发劲，什么是劲都还懵懵懂懂的，所以在实战时只有挨打的份，坐井观天，不知天高地厚。

有些教练说，练习散手容易发生误伤，是一件危险的事，学生怕受伤更不敢练习，中国武术逐渐变成中看不中用的花拳绣腿，真是中国武术的悲哀。练习散手最好先有推手基础，熟稔粘连黏随的听劲功夫，进而懂劲。先由老师以固定招式喂招，以后再自由对打，动作由慢而快，出劲由小而大，总以对方能承受，点到为止。

练内家拳到相当基础，气会下沉，丹田储藏无穷的内气，无形中练就了气功，即使无意中挨了一拳，亦能以内气自然反射，保护自己，无碍受伤。

六、结语

中国武术有慢慢没落的趋势，其症结有：一、政府对本土武术文化重视不够。二、拳界未予发扬，或局限于健身。三、师资缺乏，有心学功夫的找不到好老师。四、没有一套完整的训练程序与比赛规则。我常想，为何外国引进的柔道、空手道、跆拳道都能有所发扬，而我们的国术却渐渐式微，怎不令人唏嘘！

第8章 练拳悟得

学拳很重要的一件事，就是要思维、要领悟，所谓"师父引入门，修行靠个人"。有些拳理是无法用口头明白叙述出来，必须学习到某一程度以后，才能领悟。所以如果没用心去思维、去领悟，练一辈子傻拳，终究练不出功夫来，即所谓：光说不练，于事无补，练而不悟，事倍功半。学拳各人的领悟不同，其瞬间之顿悟，有如发现新大陆般的惊喜，拳友若能分享己悟，作为学拳之参考，可谓是一件好事。

一、为何要沉肩垂肘

大家都知道，练拳要含胸拔背，坐胯曲膝，沉肩垂肘。含胸能使气沉丹田，拔背则气贯夹脊，坐胯曲膝使步法灵敏，气入涌泉，落地生根，不再赘述。

沉肩垂肘，是指在提起手臂时，肩肘自然沉坠，肘臂略微弯曲，其作用能使气劲沉藏臂骨。发劲以肩肘作为两个支点，此乃杠杆原理，由背催肩，肩催肘，而拳或掌。试想，肘臂若拉成一直线，其发劲的力道如果是一的话，则沉肩垂肘时加了两个支点的力量，发劲的力道会超过二以上。又，刚直易断，沉垂则收放自如。发劲时手臂太僵硬，遇对手听劲好的，在接劲后反弹，刚直的手臂不断亦伤；如以沉肩垂肘为之，遇反弹时，能自然顺势曲收，不会受伤。

二、皆知要松，如何得松，松中有劲

　　松的涵义非常广泛，大体而言，分精神上及肉体上两部分。一个人如果杂务缠身，精神紧绷，心中老是算计着某些事，练拳时放不开，无法保持安舒，就触犯了精神上的松。在这种情况下，最好不练拳，否则易逆气攻心，走火入魔。所以练拳时，精神一定要放松，保持平常心。

　　身体上如何得松？如何松中有劲？我们先从柔软体操说起。体操大致是松柔的，但只能舒筋活血，不能得气，无从成就功夫，它只是练功之前的暖身运动之一。

　　在松中如何练就功夫？我们以提起手臂来做试验。手臂提起时如果用力握拳，感觉不到整只手臂的重量；而在全不着力，有气无力的，好像被一条无形的绳子垂吊着，如不被垂吊着将会掉下来一般，在此种松净情况下，手臂反而感觉无比的沉重，这种沉重，挹注了气的成分质量，累积久了就变成无形的内劲。当盘架子或站桩时，此种松净而产生的内劲不断地增长，练一天有一天的内劲增进，练一年有一年的内劲累生，所以说功夫就是时间的累积。

　　松并非松散、松懈，那一条无形的绳子就是我们的意念，我们的元神。当我们的精神及肉体均保持松透时，可以感觉体内有一股热流，此乃气动。每个人体内均有一股气，若平日行处坐卧都能安住保住这股气，则气愈养愈足，精神愈饱满，身体愈健康，延年益寿可得。但是有些人生活在这五光十色的花花世界,竞相追逐声色、名利、财势,把宝贵的真气蒙蔽住或消耗殆尽,实在可惜。

三、谈神

行拳要有拳韵,使人感觉拳脚在运行时注入了灵魂,不只是空壳子在那边舞动。欣赏盆栽,不光看它的枝叶茂盛或花朵艳丽,此皆外表。一株久年的老盆树,即使部分的枝干已蛀枯,而其他部分却仍生出青翠的叶子,虽历经风霜却显出坚毅的苍劲,屹立不而摇,从它坚固的根盘、挺拔的干径散发出卓绝的生命力,使人感觉到它的内在美,这就是它的神韵。

一个专画人像的画匠或专雕神像的雕刻匠,其作品是千篇一律的,是机械固定式的,他的作品再怎么逼真,总是缺乏创作力及生命力,故终究是一个画匠或雕匠,无法进入艺术家之林。行拳如果缺少神韵,既使是出拳虎虎生风,震地有声,无非是花拳绣腿,终究是一介武夫。

据闻李雅轩老前辈表演太极拳时,连不懂得的小孩亦能感觉周遭气氛的宁静。拳的内涵在静谧当中,可以感觉气的流动与鼓荡,在拳动中又给人感应到内心的寂静,在松柔中让人感觉到内劲的运行,把拳的灵魂发挥得淋漓尽致,而达到了神的境界。

有学问、有内涵的人,在他的言谈举止中,显露出内在的气质,这气质累积了知识、智能、人生的历练与修养,装是装不出来的。拳要练到功深时,才能展露出拳的气质与神韵,装也是装不出来的。

第 9 章　为何要沉肩垂肘

拙论"练拳悟得"，其中，沉肩垂肘与杠杆原理，引发拳友的兴趣与共鸣，希笔者就其理论作更详细之解说。

大家都知道杠杆之原理，概分三个点，即施力点、支点、着力点。

我们手持一支长棍，如欲将一件 50 公斤的重物移开，誓必费尽九牛二虎之力，如果在棍子中间置一物体作为支点，则可轻易移动重物；作为支点的物体，其体积虽微不足道，而发挥的作用却极大。

挖土机（俗称挖掘机）亦系利用杠杆之原理，只是它通常是往内施力，它中间可弯曲伸缩的地方，就是支点。如果缺少这个支点作为支持力，整个都是刚直的，那么这支"挖掘机"就无法灵活发挥力量。

棍物及机器都是死的、呆滞的东西，还得靠人操作方能产生作用。人体是一个活动、松柔、灵巧的杠杆，几乎每个地方都可作为杠杆的三点，例如：

1. 以腰胯（中节）靠人，腰胯为着力点，膝为支点，施力点在脚跟。

2. 以肩肘（上节）靠人，着力点为肩肘，腰胯及膝为支点，施力点亦在脚跟。

3. 以双掌按人，双掌为着力点，肩肘及腰胯为支点，施力点仍在脚跟。

4. 躺在地上或靠墙坐着，以双脚（下节）蹬人，则双脚掌为着力点，膝为支点，背脊及腰胯为施力点。余可类推，随势而变，并无定法。

在盘架子时，沉肩垂肘可使双臂趋于松柔自然，气劲沉藏于双臂，发劲时由于关节伸缩幅度较大，不论发长劲、短劲或寸劲，均可随心所欲，变化无穷。反之，双臂过于刚直，就显得呆滞，无法灵活变化，而刚直皆为使用蛮力的关系，与拳理相悖。

第 10 章　站桩与拳架

武术的功体包含站桩与拳架，想练出内功、内劲，必须朝这两个方向认真、有恒地去练。

某些拳术之锻炼，一开始就练站桩，至相当时日，下盘稳固后，始练拳架，这是传统的练法，按部就班。

现代人讲求速成，喜欢一蹴而成，要他站桩下苦功，没兴趣。最好是师傅几个月内就把功夫倾囊相授，花再多钱他也愿意。

现在学拳者，八成皆是练健身的，三两个月稍微勉强学练了一套拳架，就离开老师，独个瞎练起来。经过十年八年，他犹不知什么是真正的太极拳，但是逢人便会口沫横飞地大谈太极拳，或者自己也当起老师来。

玩票或许可以这么玩，真正想在太极拳或其他武术有所造就，则非认真、有恒地去练站桩与拳架不可。

拳架招式多，变化繁，又含娱乐成分，为多数人所喜爱；站桩则枯燥无味又劳苦，被人所排拒。但是须知，不管你是想练功夫，或者健身而已，站桩与拳架两者皆是同等重要。如果独练拳架，不练站桩，下盘不稳，依然无法得到健身之大效，而且下盘无根，打起拳来则显得虚浮漂渺，摇摆不定，无法立身中正安舒，不合拳理。所以不管你对站桩多么排斥，还得每天抽出十分钟、二十分钟来练站桩。俗云："练拳不练功，到老一场空。"经论曰："涌泉（下盘）无根腰无主，力学垂死终无补。"可见站桩功法之重要。

学者如果真正不喜欢单练站桩，可于练习拳架时，将速度放得极慢，将两脚的虚实变化移动换位，放得极慢极慢，亦等于在练活桩，或在变换招式时稍微停住片刻作为站桩。也就是说在练拳架时，同时分段练习站桩，如此就不会有只练站桩那种单调与无聊的感觉，这样就可以将拳架与站桩并练。然则在停顿的那段时间，意不可断，气不可断，劲亦不可断，神宜内敛，心当守静而无妄念。

在拳式中，每一招式均可拿来做分段站桩，如提手上势、搂膝拗步、玉女穿梭、分脚、单鞭、双按、金鸡独立、野马分鬃等。

说不定哪一天，你气机上来，练至气沉、劲生、神凝，或许你会慢慢爱上站桩。

意拳大师王芗斋先生曾说："大动不如小动，小动不如不动。"他到后来，练拳只练站桩，不练拳架，独创意拳站桩法，流传于世。

或许你也索性来模仿大师，专练站桩就好，余则曰不宜。因为大师已是功夫大成，随意练个功体，均可保住功夫于不失，而且日有进境。吾人功夫尚未成就，还是按规矩来，拳架与站桩同时并练，不宜偏废一门，或独好一法，始得臻于完善。

第11章 千拳归一路

"千拳归一路",练武的人都知道这句拳谚,但可能很少人会认真去探讨千拳归一路,到底归哪一路?它的真义为何?

有人说千拳归一路,是要归到松柔的路,有人说归到内劲的路,有人说归到沉稳的路,有人说归到轻灵的路,有人说归到防身御敌的路,各家说法不一,各有道理,但都不完整。

愚见以为,千拳归一路,实质的意义应该是,不论何种拳法、套路,均需依循、符合拳经拳论的正确方向去练习及应用。

虽各家拳法不同,但一定要回归到拳的真理上面,即使练的方法不同,走的路径不一,到达终点目标则相同,所谓"殊途同归"是也。如果偏离拳理,将离目标越来越远,成为千拳万路,拳路缭乱,莫衷一是。

拳术的内涵是,外练筋骨皮,内练精气神,相辅相成。练精可化气,练气可化神,练神而还虚。精气能强化筋骨,所谓敛气入骨,成为无形的内劲,练神能令感觉敏锐,反应自然而神速,达到"应敌变化示神奇"之高乘武学。以武术功夫的角度来说,这才是练拳的真正归途;以健康养生的立场而言,练拳的目的在于"延年益寿不老春",需要回归到无病长寿的健康之路。

如果练拳练到全身是病,全身都是运动伤害,走火入魔,那肯定是练错了方法。

无论外家拳、内家拳，招式练法或有不同，真正练入了门，皆可运用自如，互相融合，真理到哪里都行得通，如只局限于某法、某处、某事、某时，则非正道，不是真理。

把武术与健康回归正道，才是正确的"千拳归一路"。

第 12 章　拳架高度之探讨

打拳，架子究竟应高？应低？拳界颇有争论。

行拳走架，是否要在全程演练时保持一定的高度？抑或要升沉起伏？近代学者异论纷纭，莫衷一是，尚无定论，总是各持己见，认为自家的论调正确。

前贤所留下的拳经拳论，对拳架之高度并无明确的文字论说，所以后辈学者只能依凭自己的主观意识而下定语。

愚见以为，宇宙万象虽有规则，但也有变化，所谓法无定法。每一种法，假设都是好的，但不一定适合每一个人。所以，不论学习哪种才艺、功夫，总要依据自己的先天根基和后天的生理条件，找寻出一条适合自己的途径，这样学习起来，才会有所帮助。

拳架之高度，虽然经论中无明言确语，然而我们可以从中找出正确的依循。拳论云："无过不及，随曲就伸。"任何事情，过与不及，都非正途，只有中庸，才是正道。所谓"过"，就是超过，逾越，太偏向，太刻意，太执着。譬如盘架子，要求在同一水平高度演练，不可忽高忽低，忽升忽沉，这就是"过"，超乎了标准。试想，在同一高度下，没有变化的演练拳架，是不是有一点像机器人，或是一具僵尸在走路。

太极拳是一种艺术，如果过于僵滞，缺少生动，没有生机，显得死气沉沉，如此则不能达成"满身轻利""气遍身躯"，违背拳经所说的"勿使有缺陷处"的原则，呆滞不灵就是一种缺陷。

"随曲就伸"，该曲则曲，应伸即伸；伸时先有曲。曲，是指下沉，身躯下沉气亦沉，是一种蓄劲态势。行功心解云："曲中求直，蓄而后发""蓄劲如开弓，发劲如放箭"，发劲之前，须先蓄劲，蓄而后发。曲就是蓄，直是指发劲。要注意的是，这里所指的直，不是蛮力挺直，不是硬僵僵的直，不是呆滞不灵的直。所谓"似直非直，似曲非曲"，一切合乎中道，无过与不及，正所谓"不偏不倚，忽隐忽现"，始能"应敌变化示神奇"，才能"屈伸开合听自由"，也才合乎力学原理。

我们可以举例说明，拳架是不可能在同一高度下演练的。譬如，在"单鞭"转成下"下势"，身躯一定要低沉，仆步坐落，越低越好。总不能站得高高的打"下势"吧？除非是骨骼僵硬，无法曲蹲。在"下势"转"左金鸡独立"时，身躯要慢而稳地徐徐升起，将气运至头顶百会及手指末梢，右膝缓缓提起，左腿直立，似直非直。再转"右金鸡独立"时，身子先要下沉，接着变换手脚的虚实，右脚轻而稳地落地，右手同时随着下沉，接着右脚慢慢直立升起，似直非直，左膝提起，左手随着升起，气贯手指末梢。如此演练，令人有生动活泼的感觉，如此才能"意气换得灵"，才会有"圆活之趣"。这就好比音乐演奏，节奏有高有低有转折，有抑扬顿挫，听起来才会动听而有情感。同理，演练太极拳，也需将拳的灵魂表现出来，才称得上太极之美。

有些人走架子，刻意蹲得很低，来虚显自己功夫了得，或在头上顶一碗水，强调水不外泄，来凸显他的下盘稳固，这些都犯了"过"的毛病。另有些人则自认下盘已稳，不必再落沉腰胯，站得高高的打拳，摆出不同人合流，与众不同，标新立异的骄慢味道，这样矫揉造作，也犯了"过"的毛病。另一种人是功夫力道不足，重心不稳，轻忽飘动，这是"不及"的毛病。另一种人是每一招都要刻意高低起伏，也是一种毛病；有的是前俯后仰，塌膝翘臀，呲牙咧嘴，或刻意鼓腹运气或手指故意发抖，千奇百怪，花样百出，这些都不符合太极拳之原则。

有人主张，练拳时要永远保持低姿势，如此才能气沉丹田，这实在似是而非。因为气沉丹田，并不一定要低姿势始能致之，而是通过心的静虑，与意之专注导引，经长期锻炼以及修养心性，才能有成。

丹田又称气海，是储存内气的地方。丹田好像一个鼎炉，腰胯就像鼎脚，鼎脚将鼎炉支撑着，才能盛装内气。气沉丹田之作用为何？丹田好比水库用来储存水量，然后用水来灌溉农田，或发电配送到各地去使用。如果水只是储而不用，变成一潭死水，久了就会发臭。气沉丹田之作用亦同，储存的内气，是要运行到身体四周，促进气血循环，而达到健身的作用。

行功心解云："以心行气，务令沉着；乃能收敛入骨；以气运身，务令顺遂，乃能便利从心""精神能提得起，则无迟重之虞""行气如九曲珠，无往不利"。从这些格言中应可了解，行拳走架，一定要使气顺遂，勿犯迟重之病，如此才能便利从心，无往不利。

所以练拳，不要被固定在一个框框内，拳势应高则高，该低则低，没有一个规则说要在同一个高度下练拳，也没有一个规则说要永远坐沉腰胯以低架练拳，总要随心所欲不逾矩，符合中庸之道，配合拳势的规格与技击用法，而有高低起伏，有伸有曲，有内敛落沉，有外放开展，"静如处子，动若脱兔""静如山岳，动若江河"，要神采飘逸，动作潇洒，达到松柔、有劲、可用及美感等功用。

总之，练的人，自己觉得舒适，看的人，觉得是种享受，这才是太极拳；反之，如果练的人别别扭扭，装模作样，则看的人定会侧目或嗤鼻。拳，如能练到令人赏心悦目的地步，则离标准不远矣。

练太极拳或其他武术，对"拳经""拳论""行功心解""十三式歌"，或近代名家的练拳心得，宜深入去探讨、了解，融会贯通，举一反三，不可默守己规，不求活泼变化，被缠缚在死框框内，跳脱不出。前辈、老师留下来的论语，好的要吸收，发扬光大；不对的要细心推敲、探讨、筛选。总要有自己的领悟、心得，这样，练拳的路，才能愈走愈好，愈练愈妙。

第13章 浅谈走化

拳经云："我顺人背谓之黏，人刚我柔谓之走。"打手歌谓："任他巨力来打我，牵动四两拨千斤。"这都是在讲走化。

太极拳讲求以柔克刚，以无力胜有力。顺水推舟不费吹灰之力，逆水行舟则必耗尽吃奶之力；以硬碰硬，必定断折。四两拨千斤，绝非力胜，毫釐能御敌，全靠走化。

"轻轻一带，随势走化，随势而发"，说来简单，做起来并不容易。如何才能人背我顺，如何才能随势走化，里面有很深的道理与学问。拳经云："由着熟而渐悟懂劲，由懂劲而阶及神明，然非用力之久，不能豁然贯通也。"所谓"着熟"，并不单指架子之熟稔就能懂劲。在架子纯熟后，还需经由长期的推手训练，练就了粘连黏随的功夫；先能听劲，后能懂劲，而至人不知我、我独知人之境界；能懂劲才能知人，才能百战百胜，听劲不灵，不能知人，则无法走化。

应敌以走化为主；走化以松柔为之。如以力抗，难挡强敌。盘架子能真正松柔，已是不易，推手要做到松柔，更是困难。

人天生就赋有力量，在推手中，往往会因虚荣、争胜而使出蛮力。用上蛮力就无法松柔，没有松柔则不能听劲，不能听劲则无法走化；无法走化，如何借四两力而拨千斤呢？大力士由于天生赋有蛮力，不知松柔为何物，往往不能成为太极高手。

走化就是随着对方的力量游走，将来势汹涌的猛力化于无形之中，也就是粘连黏随的听劲功夫。

走化可以左腾右移，可以退后闪避，或往下沉化，或同时左右上下前后立体圆化，端视对方来力之大小及方向，自然反应而为之，所谓"左重则左杳，右重则右虚"是也。

高手在化劲时，从外表看不到走化的动作，只感觉在松柔中，气一沉，已化去来力，并以迅雷不及掩耳的速度将对手击出。此种功力，绝非那些用左摇右晃、前俯后仰的人所可比拟。打手歌云："引进落空合即出，粘连黏随不丢顶"，能听劲，能懂劲，能走化，始能臻此境界。

十三式歌云："想推用意终何在，益寿延年不老春。"练拳的最终目的在于益寿延年，修身养性，不是争强好胜，惹事生非。走化在技击应敌中含有高度的技巧；运用在待人处事之中，含有深奥的人生哲学。人是赋有情绪化的动物，而且每人的思想见解不同，所以人与人之间的相处，难免会发生磨擦而起争执，有的人无理争胜，有的人得理不饶人，所以社会上之乱象，时有所闻。忍不了一时之气，就会惹祸上身，则悔之晚矣！如能领悟太极拳走化的道理，人刚我柔，以笑脸化去怒目，时时保持松柔、沉静、圆融，四两拨千斤，定能化干戈为玉帛，化戾气为祥和，处处周延，左右逢源，无往而不利。

第14章 沉与松

沉，是松透后累积的成果。在松透后，气劲潜藏于筋脉骨髓中。

气是无形无色的质体，肉眼看不到，摸不着，但它是一种质量，一种元素，一种磁场。在松透中由于神意的培养、导引，日积月累，阳气潜沉于体内，可以感觉到它的重量，沉沉，垂垂，胀胀，用时即有，不用潜藏。

两臂上提，或按，或斜挥，或亮翅，当松净时，气劲往下沉坠，形成"沉肩垂肘"之势。手臂上举是一种离心力，而地心引力却将手臂向下吸引，在两者互相牵引时，手臂与地面之间，似有一股黏絮维系。手臂看似松柔，内里却隐隐潜藏一股无形的沉劲，它是蕴藉不显的，只有行家才识得。

如果用主观意识、用拙力去提臂，虽然外表看似松柔，实际上它是懈漫、空洞、飘渺、虚无的，没有内容的，缺少沉劲的感觉。

据闻郑曼青先生有一次在睡梦中，忽觉自己的双臂断掉了，后来终于彻悟了大松的密意。双臂在松透时往下沉落，肩肘似断非断，有如吊着一只千斤锤。

内劲有成就者，手臂重若千斤，这种功夫乃是长期日积月累，通过纯松的践行，敛气入骨的具体呈现，非一朝一夕可以致之的。

气不只能沉于双臂，沉于丹田，更能往下沉于双足涌泉，入地生根，稳固下盘。下盘沉稳，身能平衡，步能轻灵，虚实得以变化，也才能在发劲时，以沉藏于足跟之内劲，借地之力，发人于寻丈之外。

郑曼青先生常以"吞天之气，借地之力，寿人以柔"来勉励练拳的人，三句话蕴藏着很深的道理。唯有松，才能运气，才能导气，才能吞天之气而为我所用。唯有气潜劲藏，沉之于足，才能借地之力，发劲于人；唯有柔顺才能长寿，刚硬则断折易夭。

老子说："专气至柔，能婴儿乎。"意谓人如能专心一意，保持身体和精神至松至柔，无罣无碍，没有利益得失，没有人我分别，没有妄想杂念，无欲无怨，清净无为，就能得到轻安灵静，就能专气沉守，气旺神聚，无所阻碍，体力充沛，心境柔和，如此就能迟缓老化，返老还童，返璞归真，如婴儿一般，永远保持童真纯洁，无烦无恼，快乐自在。

有松无沉，流于懈漫；有沉无松，形成顽刚。松与沉须相顾相照，相辅相成，松不能离沉，沉不能无松，松与沉是一体两面。

第15章 松与力

学练内家拳，一向讲求松柔，尤其太极拳更是强调一个"松"字，可见"松"在内家拳武术中占据着极重要的地位。

松，才能气沉，才能气遍周身，才能贯串轻灵；用在推手、散手实战中，才能黏随走化，不丢不顶。松了，听劲动作才敏捷，出手疾快，后发先到，如迅雷一般，不及掩耳。

许多拳师把松说得太玄，太神秘，创造一些奇招怪套，让学生练，学生无知，以为得了秘诀而沾沾自喜。所以，学武术是需要智慧的，如果盲修瞎练，难有成就。

其实，松并不稀奇深奥，只要时时保持神舒体静，放松身心，抛开杂念，像万里晴空，身无拙力，意不执着。

我们的肉体，在婴儿时期原本是柔软的，由于后天的积习，不断地使用拙力，以及年龄的老化而渐生僵硬，要把僵拙练回松柔，当然得费一番工夫。天下无难事，只要时时自我要求，放松自己，则专气至柔，岂不能婴儿乎？

有些人天生骨骼僵硬，要松一时也松不下来。在练拳之前，可先作一些松身操，弯腰、摆腿、拉筋，筋骨慢慢就会柔软。

骨骼柔软不一定是松。松，并不是松弛、松懈；松柔里内有神意，有东西。

我们从小到大，手足无时不在动，都很自然，并不感觉着意使了力，应该也可以说是松了，但这种松能生出内劲来吗？当然是不会的。因为没有意念的维系，没有以心行气的锻炼，是无法孕育出内劲的。

我们在举手投足间，处处需要用力，不用力手举得起来吗？脚踏得出去吗？所谓四两拨千斤，没有四两力，哪能够运化千斤？拳理所谓的松，是指不刻意使用拙力，不顶不抗，让神经在松柔中得到顺畅、灵敏，以增进听劲，再而懂劲，进而阶及神明。

我们平常迈步走路，是一件极自然的事，如果不去想它，根本不会感觉双脚在移动时使了力。所以，松的定义，就是自然、不刻意、不使用拙力，但要加上意守、神舒、体静、轻灵、沉稳等。

松与力，用意与刻意，如何拿捏，如何在力中求松，在松中求劲；又要用意，又要不刻意，要似有心又似无心，要勿忘又勿助，看起来均似矛盾。每一样事物，每一种法，均是一体两面，阴阳、虚实、刚柔等。如何在阴阳中寻调和，从虚实中求变化，由刚柔中得用法，要靠自己用心去领悟。

武术是由无练到有，由有放舍为无，得到"有"，再舍为"空"，没有执着，内里充满"禅"意与玄机，能否开悟？除了机缘，除了明师点破，最重要的是靠自己用功。有用功才能悟，否则都是空想。

第 16 章　用意与刻意

"用意不用力",是内家拳口诀,更是练太极拳者的口头禅,亦是内家拳武术之要诀。

用意,乃行拳走架以内心的思维意念为领、为导,亦即拳经所谓的"以心行气",以内在的意念思想去引导驱动外在的肢体活动。盘架子,如果缺少"意"的维系,则是空架子一个,没有内涵,缺乏拳韵,只是一具没有灵魂的躯壳在舞动。就如戏中缺了主角,看起来就不会那么精彩生动而扣人心弦。又像一篇文章,只是词句彩丽,而没有结构主题内容。犹如绣花枕头,外头好看,里面草包;又似空心萝卜,表皮雪白,内里无料。练拳不用意,只是体操而已,不能成就功夫。

用意,乃神意相守,心息相依,耳目内听返视,内心深处若有所思,如有所盼,敛而不露,将意念溶入拳架之中,如是,则内外相合,上下相随,意动气随,气随劲生,劲藏入骨,功力渐成。

刻意,是用意过了度。

刻意就是使用了蛮力、僵硬力。身体一旦使起蛮力,肌肉及神经就会呈紧张状态,骨突筋露,动作呆滞不灵,显得造作不自然,没有松柔感。

刻意,将使气血循环受阻,反应迟钝,无益健康;在技击搏斗时,易受制于人。

练武术与做人处事的道理相同相通，要合乎中道原则。

练拳有所谓"勿忘勿助"。勿忘，就是不要忘了"用意"；勿助，就是不要太"刻意"，无意不对，刻意也不对，总要在有意无意之间才对。拳经云："无过与不及"正是此意，要在矛盾之中去领悟道理。

形意拳名家常谓："有形有意都是假，技到无心始见奇。"这是指武艺已达高峰，在应敌作战时，已能随心所欲，自然变化反应，拳技已达神化境地，已练到身无其身，心无其心，神形具杳，进入练神还虚、练虚合道之境界。

吾辈习练武术尚未成就时，应按部就班，脚踏实地，老老实实，认认真真地练，莫想一步登天，胡思乱想；或东施效颦，学人家什么无形无意，无身无心，否则画虎不成反类犬，将贻笑大方。

第17章　气势与胆识

气势，是展现于外的气质态势，是一种外在精神的显露。

胆识，是具备了内在的实力，内心不忧不惧，不屈不挠，临危不乱，处变不惊，在恶劣环境中，能轻松从容自在，不慌不忙，以静制动，静观其变，安然应付一切逆境与危机，内心巍然不动，是一种内在气质的展现。

武术家的气势，外现松柔，中正安舒，轻灵而沉稳，飘逸而豪迈，炯然而内敛，虚怀若谷；内示安静无虑，神情自若，正气凛然，内观返视，自信而不骄慢，虚心而不妄自菲薄，内心深处若有所思，若有所寻，却不刻意与执着。绵细的内涵，无须故意表现，就能令人感受神、意、气、劲之蕴藏，而产生共鸣。其外表肢体仪态之柔美雄壮，更能引人入胜，产生喜心。

气势，由内涵而展现，如果功夫不深，修炼未熟，则呈现信心不足，轻浮草率，泯嘴歪脸，处事动作含糊而不确实。半桶师表现的则是，贡高我慢，不可一世，或画蛇添足，装模作样，未悟言悟，虚有其表。

功夫有深度，藏而不露，谦而有礼，率直有正气，自然流露出武术家真善美的气质。武术练到了相当的基础，慢慢会展现出温文儒雅、含蓄蕴藉、稳定庄重、不怒而威的气势。如果练就了内劲，对推手散打用心追求磨练，达到化劲之境界，发挥防御功能，如是则遇强而不惧，逢众而不惊，此时已然练就了胆识。

有胆识的修炼者，身心更谦卑，更深藏而不显威于外，更虚心而含蓄于内，不畏权势，不屈膝逢迎，不巴结达官显贵，能济弱扶危，富有正义感，令人生敬。

有胆识，无形中可以化解很多无谓的冲突与纠纷。譬如，行车发生擦撞，往往都是人多欺少，或壮欺弱；又如制造假车祸，借机勒索，或在偏僻小巷遇上抢劫、施暴，夜晚遭小偷闯门，有胆识的话，能使对方知难而退，否则免不了破财及受伤害。

胆识，不是逞凶好斗，逞匹夫之勇。胆识，是坚毅内敛，正气显发，仁者无敌。有时我们会觉得练就了一身功夫，好像无用武之地。然而，真正练就了功夫，培养出坚苦卓绝、坚韧不拔的性格，呈现出大丈夫气概，显发的正气，可感天泣地，莫说遇事化解，连魔鬼都会敬畏三分。

学上了功夫，具备了胆识与气势，并非藉此惹事生非，而是以胆识、气势降伏对手，以德服人，达到净化人心之作用。

以胆识展现内在的实力与无畏的风格，以气势呈露自身的修为与风度。胆识与气势是一体的两面。徒有气势而没有胆识，是虚有其表，装模作样，发挥不了作用。有胆识就必然会有气势，有内就有外。

练武术，须以心行气，以气运身，虚领顶劲，神意内敛，气沉丹田，除了锻炼气劲的增长外，无形中已蕴含了正义之气的培养。孟子说："吾善养吾浩然之气。"又曰："气以直养而无害。"当我们心存善念，日日月月年年，不断地累积培养正气，功夫行深时，自然会锻炼出一股刚毅的正义气势。如武圣关公，平时行、住、坐，只开三分眼，凝神敛气，当他临阵御敌时，两眼一睁，放射出强烈的正气，震慑敌人，这就是气势逼人。

气势必须以正念作依托，才能培养出正气，如心存邪念，显发的就是邪气，邪与正斗，终是邪不压正，这是千古不变的定律。

我们习练武术，须心存正念，才能培养出刚毅的气势；也只有下工夫，用心习练武术，才能锻炼出无畏的胆识。

第 18 章　师生之间

古昔，师徒之间的关系是非常亲密的，两者之间，有时情感更胜于亲生父母，故有所谓"一日为师，终身为父"之谚语。如今，时代变迁，人情淡薄，师徒之间的那份情谊，不复可见。

古代武术之传授，大抵是师生同居一室，朝夕生活在一起，耳濡目染，言传身教，口传心授，严如父，慈如母。师父要收个徒弟，须经严格考验及一份机缘，有了师徒之缘，自然师视徒如子，徒尊师如父，相敬相爱，功夫也能尽相传授。师有事，弟子服其劳，徒有难，师顶力相助，那份关系，那份情感，实更胜于父子，而浓于血缘了。

今日社会，对于武艺之传授，甚难再见古时师徒间那份浓密关系。有些老师是看在金钱的份上传授功夫，功夫是以金钱论斤两的，有时还会故意拖延教学时间，而多收一些学费。

学生对老师也缺乏一份尊敬，把学功夫当作一种交易，以为只要付出金钱就好了，而吝于付出尊敬、真情及服侍等，两者的关系以学费维系，中间难免相隔一层无形的距离，老师得不到应有的尊敬，功夫当然不会尽相传授。

无论学习任何才艺、功夫，必须有一种正确的观念，对老师要心存尊重，师有事须代劳分忧。学练功夫要勤劳认真，每日要比老师早起，早到练习场，这是一种尊敬。一个学生如果贪睡晚起，或练一日停三日，老师哪能提得起劲教他。

对于老师的教导，要虚心学习，不可自以为是，练错了道理。或在学了几年后，功夫稍有进展，起了骄慢之心，认为老师功夫不过如此，而目中无师。有朝一日，功夫超越了老师，更要知道感恩，对老师须更加尊敬。在逢年过节或特别的日子，送些礼物给老师。不可以为平时已缴了学费，而忽略这些礼节，即使你送的只是一张贺卡，只要付出真诚，礼轻情意重，老师定会欢喜，定会珍惜这一份情，而尽将功夫传授。

老师对待学生，严格中不可缺乏关爱。教学需循序渐进，不可太苛，也不可放纵，学生行为思想有偏差，要适时指正。在悟力遇到瓶颈时，要不厌其烦地继续指导，至能领悟为止。不可为了讨好学生，越级而教，一式未熟，不可教下式，否则学生囫囵吞枣，学了百样，没有一样像样，揠苗助长，适得其反。

师生之间的关系，是互相的，是坦诚的，没有计较，没有分别对待，互敬互爱，互相体恤，浓浓蜜蜜，绵绵细细，有如细水长流，难以断离割舍的。

据传太极拳名家吴图南先生武艺精深，活到一百多岁，正式收录的弟子只有马有清一人，两人情深如父子，成为武林美谈。吴师择徒之严谨，令人感佩，也值得为武术界所有师生之借鉴。

善待老师，才能学得好功夫。

第 19 章　不急于做老师

子曰："人之患，在好为人师。"意思是说，人最大的毛病，就是喜欢当人家的老师。因为当老师，常受学生的崇拜、奉承与尊敬。中国自古以来，对老师是非常尊重的，因为老师承担传道、授业、解惑之重任。传道，是把真理、道德、宇宙人生的实相，传承下去，使之发扬光大，而不致断绝。

授业，教授各种技业、知识、学问，各种士、农、工、商、礼、乐、射、艺、书、数、天文、地理等专门学问。

解惑，解答疑惑，解除迷惘，破除无明，令真理显现，让黑暗烦恼消失。老师承担着重责大任，不是扛着虚荣到处闲逛，不是钓誉而自喜。须知当老师不是那么简单的。

要当一个武术老师，首先得把你所学的专门技艺学精练通，将拳经、拳论、打手歌、十三式歌、行功心解及所有拳理通彻明白，这些是基本上必备的。对于与武术有相关的知识，也需涉猎。

教学，是一项较困难的学问。有些拳师，功夫确实很好，但是不会教学，没有教学经验与技巧，无法将武艺传承下去。中国古代很多武术家功夫很好，但读书不多，学问不深，教徒弟，只依土法炼钢，由于缺少理论做基础，所以接棒的人就很有限，功夫也慢慢失传。

如果各方面均已具备，已有做老师的资格，先不急于脱离自己的老师，不急于自立门户，要再潜修、沉浸。一方面在老师身边当助教，算是回报老师，另一方面熏习老师气质与教学经验。

等老师有一天认可了，你才可以出去当老师。

吾友张老师，长棍已达出神入化之境。他的老师还在世时，一直未教拳，以示对老师之尊重。等老师往生后，他只教了一批学生，就封拳了，因为他一直遇不到一个真正尊师重道的学生。

第20章　尽信师，不如无师

俗云："尽信书，不如无书。"意谓读书求学问，若是一味地痴信书本，不求探究真理，则所得的只是一种死学问，不过是别人思想的翻版，没有突破，没有创意，不是自己真实的东西，违反求学的宗旨及进步的原则。

武术当然也是一种学问，所以当然也不可"尽信书"及"尽信师"。

武术的书籍琳琅满目，作者程度有深有浅，光靠书本，有时会让你误入歧途，光靠书本，不能让你无师自通，没有明师口传心授，没有明师指点，终是门外汉。然而明师在哪里呢？明师难遇难求，要有很好的机缘，才能遇上明师。没有明师怎么办？记得"三人行，必有我师"，师父只是领入门，修行靠个人。每个拳友、前辈，都可以是我们的老师，吸取别人的经验及优点，融入自己的炉灶，加以发扬光大，就是我们的成品。

练武术不能像念书，盲记死背，照单全收。对功夫的领悟，每人不同，适合老师的，不一定适合自己，如体形的不同、年龄的大小、悟性的高低、个性修养及思想见解等差异，练法均会有所不同，绝不能不加思量，依样画葫芦。

老师的拳法与理论，对的要尽力吸收，存疑的，要思考、求证，如此去练、去悟，才能青出于蓝，否则功夫永远不能超越老师，导致一代不如一代。

练拳如果老是遵循古意，食古不化，则永远没有进步，永远不能超越颠峰。俗云"师古不泥古"，学任何东西，是先要遵循祖先留下来对的道理，然后再加上自己的领悟、心得，自己的创作，自己的风格，就成为一件新的作品，否则只是一个模子印出一样的东西，而流于机械形式，不是艺术了。

现在的拳师，很多是滥竽充数，参差不齐，不够水平，学了几个把式，就想当老师。所以习练武术，先找一个好老师。或许你没有机缘找到一个好老师，那么在学练的过程中，就得用心思、用智慧去思考老师教的是否正确，是否符合拳理，如此，才不会练错方法，浪费时间及金钱。

千万不可一意怀疑老师，不信任老师，而自生狐疑、骄矜之心，毕竟好的老师还是有的。

第 21 章 "气"在武术中的地位

"气",虽无形无色,但确实有其质量与能量。过去,科学仪器尚不能测出气之形质,因此,外国人把中国武术或中医所谓的气视为无稽。外国人无法体会"气"在武术及医疗上的作用及重要性,更无法把气运用到武术中,因此,他们的武术造诣仅止于肤浅的外力的表现,不能登峰造极。

如今,科技进步,仪器已能测出气之形质。然而外国人还是无法领悟"气"的妙用,所以说老外虽然科学发达,但是智慧是不及中国人的。

气,是一种体积小、威力大的东西。气的作用是非常广泛的。车子靠四枚有气的轮胎可乘载千万斤的重量,当气消泄了,车子将动弹不得;火车没有蒸气开不了,飞机没有喷气飞不上天;一颗原子弹就能灭掉一个城市,一切生物如果没有气将面临死亡,没有气,宇宙万物、山河大地亦将毁灭。

人,依气而生存,气壮神足,即得健康长寿。武术家以气壮而长功夫。

气靠养,而足而壮。

丹田气海是储存气的地方,需储存多量的气,才能以致用。就如一个水库,需储存大量的水,才可以发电,道理是相同的。

如何养气？令气足而壮？

时时保持正念，去除贪、瞋、痴，少欲知足，安贫乐道，心中常清净，没有妄想执着，就能吸取天地正气而养之。这是指心性方面的。

在体的方面，要时时刻刻将气沉守在丹田，用意念守着，用精神守着，使气不放逸，不向外奔泄。

在练功时，气宜鼓荡，神宜内敛，以心行气，以气运身。以气鼓荡横膈膜，使之上下鼓动，使内脏得到运动与温养，这就叫内壮法，也称之为内脏运动法。

武术之呼吸，以腹式呼吸为原则；腹式呼吸以逆式呼吸为原则。逆式呼吸是吸气时丹田微缩，将气引导至背脊，呼气时，将气向下引导至丹田，使丹田微微鼓起，形成气沉丹田。

武术在发劲时，气凝聚于丹田，等同气沉丹田，所以练武术之所以要练逆式呼吸之道理，就在于此。

第 22 章　形意拳练习漫谈

形意、八卦、太极三种拳术，练法皆以意导气，以气发劲，不主张拙力，强调松柔、轻灵，连绵贯串，上下相随，内外相合，外示安逸，内敛神意，气守丹田，藉气之鼓荡温养，强化内脏，达到健康长寿之目的；藉敛气入骨，储藏内劲，产生技击效用。故统称之为内家拳。

一、形意、八卦、太极之渊源

据传，形意拳河北一支，第二代传人郭云深，精练形意十余年，已入化境，有"半步崩拳打遍天下"之威名，生平遇敌，只以崩拳进半步而已，敌无不摧。

八卦掌名人董海川，经异人传授，八卦已练至神化，摆扣游走，人不能测，在北京未遇敌手。

一日，二人相遇，相谈甚欢，互相切磋武功，经三日，无法分出胜负，两人英雄相惜，互相仰慕，而结为挚友，认为形意与八卦颇有相通之处，乃决定将两家拳合为一门。以后的弟子，学形意者兼习八卦，习八卦者兼学形意，至今犹然，即使单学形意或八卦者，彼此亦认为同门。

孙禄堂系河北一支第四代，为综合派之代表，其形意乃师李奎元、李存义，再师郭云深，八卦则师程廷华（程为董海川之弟子），太极则师郝为真（郝为李亦畬之弟子）。当郝为真到北京访友，经人介绍与孙禄堂相识，二人甚为投契。未几，郝为真患严重痢疾，因初到北京，朋友甚少，孙禄堂遂为请医治疗，朝夕服侍，月余而愈，郝为真无以为报，乃将生平所学太极拳传授与孙禄堂。孙禄堂将三家拳术精华互合，融为一体，造诣极深，著有《形意拳学》《八卦掌学》《太极拳学》。

二、形意拳源流

形意拳相传由岳飞所创。根据史籍资料所载，岳飞擅技击，得之于周侗，并未记载所学何拳，而可考者为明末姬隆风在终南山遇异人授以岳飞拳经，初名为"心意六合拳"。后姬隆风传曹继武，曹继武传戴龙邦，戴龙邦传李洛能，李洛能传郭云深等，相继不绝，以至于今，代代有名人。

不管形意拳之创始人为何，据史载系始之于岳飞拳经，后相继流传，且岳飞精忠报国，忠孝两全，所以后辈学习形意拳者，均奉岳飞为形意拳的祖师爷。

三、形意拳拳名由来

形意拳以形为体，以意为用。形体是自然界的物质，形体活动能导出意识，以意识支配形体。意识是对境而生，所以以意为用；意识是无质量的，不占空间，意识活泼，能运用、驱动形体，令百骸及末梢神经活泼灵敏。故至李洛能时，正名为形意拳。

四、拳架介绍

形意拳母拳有五式：劈拳、钻拳、崩拳、炮拳、横拳。为筑基功夫，五形，易学难精，非三五年之用功体悟，难得其精髓与奥妙。

天地生化十二形为：龙形、虎形、猴形、马形、鼍形、鸡形、鹞形、燕形、蛇形、骀形、鹰形、熊形，均以动物之特征为形。十二形诸物皆受天地之气而成形，可概括万形之理，故十二形为形意拳之目，为万形之纲。

形意拳套路有：五形连环拳、四把、八式、十二横拳、杂式捶。

散手对打有：五形生克对练、五花炮、安身炮等。

器械有：形意拐杖、形意连环棍、形意纯阳剑等。

五、形意拳练法

形意拳理，与太极、八卦是相通一致的，讲求虚领顶劲，含胸拔背，沉肩垂肘，落胯屈膝，尾闾中正，气沉丹田，神意内敛，以心行气，以气运身，上下相随，内外相合，绵绵不断。

其步骤，先练明劲，后练暗劲，而至化劲。形意所谓之明劲，并非使用蛮力，紧握拳头，青筋暴露，震步大力有声，此皆不明形意拳理者之误解。

形意所谓的明劲，意乃求气势豪迈雄伟，意气风发壮阔，先练筋骨强壮，蹬步有力，亦即练精化气之基本，是初步之功夫。

明劲成就后，进入暗劲，亦即柔劲。此时内劲已生，行拳步入柔和之境。练架子要神意内敛，外形飘逸，潇洒自然，动作优雅，蹬步如猫行，轻敏无音，彷佛行云流水，悠悠而行，潺潺而流，一切存任自然，全身不着丝毫拙力，只存一气流行。此是第二步功夫，进入练气化神之境。

当拳练到至柔至顺时，全身上下皆不着力，但并非顽空不用力，周身内外全用真意运行，但又不可着意，所谓"拳无拳，意无意，无意之中是真意"。呼吸似有而若无，实而若虚，身体虽有似无，以假练真。练至身无其身，心无其心，神形俱杳，与道合真，所谓"形意皆假，无心称奇"。此乃第三步功夫，到这地步，始可谓功夫已成，能与太虚同体，亦即练神还虚之境，终而神意寂然不动，感而遂通，进入"道"的世界。

通常练形意拳，要至暗劲，非下五六年功夫勤练体悟无法得到。要练至化劲最上乘功夫，则不只光靠苦练、硬练，尚需靠内在的修持，清心寡欲，与世无争，弃绝贪、瞋、痴，凡事看淡，没有牵挂，常习静定，如此才能达到灵气相通、形神俱妙之神通感应境界。

据闻内家拳有此境界者，形意拳为李洛能，八卦掌为董海川，太极拳为杨露禅。而相传孙禄堂的功夫已练至能与佛相应，而"预知时至"，告诉家人，何时要往生，我想他的境界，应比前三者为高。

六、形意拳练习之我见

1. 拳不紧握

一般人以为，练拳要紧握拳头才有力量，其实适得其反。因紧握拳头，劲不能生，反被紧张的神经扣死。劲的产生是在全身松透中以意导气，以气运身，气敛入骨，变成内劲，然后慢慢累积、增加，愈练愈浑厚。劲，是一天一天增加，一年一年累积，急不得的，"功夫"是靠时间累积而来。

所以，拳头只要虚握即可。

2. 臂不自出

这与打太极拳一样，手臂由腰胯拖曳，由大腿传导，手臂处于被动地位，它的运行过程，由肩催肘，肘催手，一贯而出，感觉上，手臂内里的气，有被挤压鼓胀之态。久练，气贯末梢，形成内劲。

3. 脚趾勿用力抓地

有人认为，脚趾用力抓地，下盘才能稳固，落地生根，这是错误的观念。试想，用力抓地，神经定然紧张，违背松的理论，则气不能沉，劲不能生。只要全身放松，引气下沉，落入涌泉，以暗劲运之，自然气贯脚底，久之则落地生根，成为不倒翁。

4. 眼观何处

有人认为练拳时，眼睛要看着正前方，有的认为要眼看手指，跟着指掌移动。这些都是有意，太有意则会偏离"勿助"原则。行拳练功，眼神宜内观，虽四周景物尽在眼底，却视而不见，神意内敛，气守丹田，微有"勿忘"之意，所谓"勿忘勿助"，似有意又似无意，要在此中讨消息，觅真机。

5. 舌放何处

有人主张，应卷舌顶住上腭，不知是否正确？愚意以为，卷舌要用力，顶住更要用力，虽是极细微之力，却能造成小小的紧张，违反松透自然原则。

"舌顶上腭"已成为一般教练者的口头禅，一直延用，而成为拳理中错误的述语。

"顶"字，从字义上解，为顶住、顶抗之意，与拳中所要求的"不丢不顶"相悖。所以"顶"字，宜正名为"衔"，衔是衔接，自然相连之意。其实舌头之所以要衔接上腭，作用有二：

一为易于生津，而津液被道家修炼者视为人体至宝，有滋润腑脏之功能。

二为在于衔接周天之气，下沉丹田，循环全身。

而卷起舌头顶住上腭，是否易于生津或衔接周天之气，则缺乏科学理论根据。

6. 不要探身

探身就是上身前倾，尾闾不正，这是一般练形意拳者的通病，以为探身力量才会更大。个人发现练形意拳探身前倾的人，都无法把内劲练出来，皆是由于用蛮力的缘故，用力则劲不生。内家拳劲的练法是一致相通的。形意拳的特点在于脚的撑蹬，前脚撑，后脚蹬，借后脚之蹬劲，催动全身，整劲而出，劲道才会惊人，只靠蛮力，是不得要领，没有悟出道理。

7. 如何不断劲

形意初练时，为求动作正确，一举一动均有法度，一奇一正都求完美。

初练明劲，因功夫不深，动作不熟，所以必须一个动作做好，再接下一个动作，此时尚不能体会劲之完整绵接，而有断劲之处。

至功深时，亦即进入暗劲阶段，要求意、气、劲绵连不断，在奇正中不使有停顿处，不使有缺陷、断劲处。练习时只要意不断，劲自可衔接，所谓"意不断，气不断；气不断，劲不断"。

我个人练形意时，在奇正中，由指掌手臂间气之绵动，会自然加入一个小划弧之动作，以兹连接，使整体动作更加优美。其划弧之动作，乃藉气之鼓荡，自然而生，其弧之形状、大小，存任自然，无有造作，动作才能优美，气劲自能绵接，自无断续缺陷。行功心解云："往复须有折迭，进退须有转换。"正是此意。

8. 形意拳练习时间之长短

形意拳练习，拳架不求多式，贵在专精。五形拳的劲一旦练出，其余各式就能融会贯通，选择自己喜欢的招式专攻，必有成就。

练习时间，每天至少一至二小时，如果只练一二十分钟，敷衍几下，劲尚未生，就结束休息，没有效果，这是自欺欺人。要练到双臂感觉浑厚沉重，全身气发腾然，则劲渐生。

9. 形意动作之快慢

初练明劲，动作可快，蹬步宜大，有意气风发之态势，用武火攻之。

进入暗劲，动作不求快，相反，要愈慢愈好，与太极拳相同，以文火养之。动作太快，呼吸易于急迫，对气之运行无补。

初练时，如跟着团体一起练，讲求动作一致而有精神，速度微快；进入熟稔阶段，最好拨时间自己一个人练，可以配合自己气的长短，调节动作的快慢，气愈深沉，动作愈舒慢，对劲的产生帮助愈大。

10. 内劲靠自己练，听劲需要找伴练

内劲需靠自己勤练，揣摩、体悟，功夫定然一天一天增进。听劲需靠神经去感应，要有对手可以接触才能练习。老师能够喂劲当然最好，但现今社会，老师跟学生在一起的时间有限，在知道练习的方法以后，要找时间多与师兄弟及拳友互练。

很多练拳的人喜欢关起门户，划地自限，不与他人接触，由于不了解他人，往往以为自己功夫了得，一旦接触时却一败涂地。有的为了面子问题，不喜欢与他人接触，深怕功夫不及他人，面子挂不住，只好自己暗中摸索，功夫无法增进，面子问题，害了很多练拳的人。

在拳界中，很多人在比赛中侥幸得了名次后，就不再与他人接手，怕输不起，输了面子不好看，功夫也就无法再百尺竿头，更进一步。要超越自己，超越别人，放开胸襟，多与拳友接手，虚心求教，互相切磋，才能有所成就。

11. 形意拳练习综说

我个人兼练形意、八卦、太极，三家之拳均有其优点，形意沉雄壮

阔，太极绵密柔美，八卦轻巧灵敏。个人较偏爱形意，也许与个性有关，因为形意各式均为单练，内劲易于揣摩练出，而且形意刚直豪迈，气宇轩昂，刚毅中带有柔和，沉稳中兼具轻灵，虚实分明，奇正相生，刚中有柔，柔中生刚，内外并修。

有一位太极拳名人曾说："以前的人都是初学形意，后看见八卦好，又学八卦，最后知道太极拳好又倾心于太极拳，从未听说太极拳已入了门而学形意或八卦的。"此种理论是属主观偏见，他可能只练太极，未习形意、八卦，先入为主的观念导致偏见。因为内家拳之理论是相通的，没有好坏差别，当然儿子是自己的好，自己的美，但不能批评别人的孩子都不好，都没有优点，练拳的人应该放弃主观偏见，容纳他人，互为切磋，吸取别人的优点，这样功夫才能增进。

愚见以为，千拳归一路，如果符合拳理，符合正道，就是好拳。随意批评他家，那只是自己孤陋寡闻，没有深入探讨罢了。佛说八万四千法，都是正法，但随众生根基施教，选择适合自己的法门，一门深入去修，定然能有成就。

第23章 八卦掌练习漫谈

一、八卦掌宗师董海川先生及八卦掌源流

据传,董海川为清朝直隶省人,年幼闯祸逃往峨嵋山,遇道士,传授武艺,经十年艺成,即今流传之八卦掌。

至京都,遇贝勒府拳师侯震远,见董公气势非凡,邀约比武,败于董公,推荐入贝勒府当杂工,服侍贝勒爷练武。当时贝勒尚不知董公身怀绝技,后知公有武艺,命演之而惊叹莫名,逐奉为师。

至此董师声名大噪,各地武林高手皆来造访比试,莫不败之。公晚年感于武艺有待传续,时适有眼镜商人程廷华,经常进出宫中,见其资质聪颖,而收为弟子,之后又收民间弟子多人,较为有名者有尹福、宋永祥、梁振普、马维祺、史宝山、刘凤春、李存义(形意拳名人)、张兆东(形意拳名人)等,从此八卦掌广传,与形意、太极并列为三大内家拳术。

二、八卦掌的名称

八卦是由易经而得名,依据易经理论,万物是阴阳变化而成,由无极生太极,太极生两仪,两仪生四象,四象生八卦。八卦演化成八八六

十四卦，终而变化无穷。

三、八卦掌的特点

手法、身法、步法完整一致。脚不停地走步，身手不停地变换，相随互合，一气呵成。

八卦掌的特质是，全身充满缠丝劲，形成一种互相拉扯、对立、回旋之扭劲。手有滚、钻、挣、裹；身有拧、旋、游、转；步有起、落、摆、扣，架构成一幅完美的图画。

四、八卦掌练习方法

1. 步法

八卦掌虽与形意、太极拳理相通，但走步练法迥异。八卦掌的步是绕着圆圈，在圆圈内游走摆扣，虚实变化灵活诡测，令人捉摸不透。

练习之初，先求步法稳固。翼得步法稳固，一样要从站桩扎基。

2. 蹚泥步

蹚泥步，意系于泥土上面走步。走步时，足掌轻沿泥面游去，不可拖泥带水，顽拙僵固，要稳而灵，神闲气定，气沉丹田，落于涌泉。

3. 错误的蹚泥步

身体上下起伏，形成迟钝呆滞，失于轻灵，实际应用无法应敌。

脚尖刻意向前插地，错会蹚泥步，失于自然，无法实战应敌。练武术的目的，是实战搏斗，自卫防身，如果违背战斗理论，是为不符合拳理。

4. 善用脚跟与脚尖为支点之回旋力

拳谚常言，借力使力，须懂得借地之力，及借自己身势之力，懂得巧力才能"应敌变化示神奇"，才能"我独知人，人不知己"，百战百胜。

八卦之摆扣、换步、回身、翻钻、起落，都是藉脚跟之回旋力，亦即借自己身势之力。

5. 手法

掌型如荷叶，掌心微凹，气贯劳宫穴，四、五指稍曲，二、三指似直，虎口呈圆形，外掌指向圆心，手指与眉齐，内掌置于腹部中心。

有人将内掌置于外手肘下，愚见以为，过于别扭，且右边露出空门，易失防卫。

手要有外撑内裹之意之劲，肩须沉，肘宜垂，气贯双臂向下落沉。

6. 身法

腰腿要拧，全身上下需拧钻滚裹，有拧毛巾拧出水之态。摆脚扣步，要像游龙翻身，身形如大鹏展翅遨游空中，下钻如老鹰猎食骤然疾落，身轻时如燕子抄水，两臂相缠如蟒蛇缠身。

7. 速度之快慢

八卦掌行架走步速度要均匀平整，快时不乱，慢时不滞，俯冲翻转宜快，蓄劲待发或某些折叠处，宜慢，快慢要适宜而有节奏，要有抑扬顿挫。

有些人练八卦，整套都像太极拳那么慢，这是错误的。

五、八卦掌之要领

拧钻挣裹，龙游燕轻，鹰翻虎坐，摆扣旋转，曲腿蹚泥，纵横连环，腰如轴立，掌似莲花，指分掌凹，桩如山岳，步似水中，腰乃气根，气如行云，意动生慧，气行百孔，收紧展放，动静圆撑，神气意力，合一集中。八卦之理就在其中。

六、八卦掌的战斗技巧与处世原则

八卦掌的战斗技巧，就是"避重就轻"，"避正打斜"，不与敌人正面冲突。敌人一拳打来，我手一黏一缠，步一摆一扣，身一游一转，已至敌之斜后方，敌落入我之牵制摆布之中，要攻要放皆可。

为人处事，以不树立敌人为原则，八卦掌可以防卫自己，让敌知难而退，不会让对手没有面子，化事于无，胜而不形之于外，是智者风范。

第24章 太极不用手

"太极不用手，用手非太极"。这是太极拳的一句名言，相信学过太极拳的人，大部分都曾听过这一句拳谚，而真正用心去体会这一句话的人，不知有多少。或许只是人云亦云，未曾认真去琢磨它的内涵。

在拳经、拳论中，对于"手"的叙述，只有一句"形于手指"，形于手指的前面是"其根在脚，发于腿，主宰于腰"，最后才形于手指，可见太极拳的一举一动，主导权不在于手。

打太极拳，如果腰腿不动，光是手在那儿主导舞动，打起来就不是太极拳。深入地讲，以腰腿为主导的理论，应涵盖形意拳与八卦掌，甚至其他各种武术，各种运动，而一般外家拳，如没有练至深入，就比较没有这种概念。

手，在太极拳里面是处于被动的地位，它是经由脚跟借地之力，传送到腿部，再由腰主导，指挥它向上向下，向左向右，往东往西。

打个比喻，打太极拳就好像小孩玩"鼓铃珑"一般，要靠握柄的旋转，来带动两边线豆，敲击鼓面，握柄不转，线豆就不能自动。

人的双手，天生就赋有自动的能力，只要大脑传出讯息，它就会有所动作，所以积习下来，任何动作，只要双手能胜任的，自然只有依靠双手去运作，用到腰腿整体力量的机会，显得少之又少。在许多用到力的动作中，如果能运用腰腿之力，将能省却很多力量，且可得到整体运动的效果。

太极拳之发劲，若只靠两手用力发出，力量定然有限，如能由脚跟而腿、而腰、而手，一股整劲同时并出，劲道才会惊人。

掷链球、掷铁饼，如只靠双手旋转之力，掷出的距离必定不远，藉由腰腿之旋转力，才能把链球、铁饼甩出又高又远。

子曰："学而不思则罔。"少部分的拳友，听人说太极不用手，就刻意把手盘得死死板板，好像僵尸一般，打完一趟太极拳，手一动也不动，变成了机器人。

拳经云："无过与不及，随曲就伸。"可见手是可曲可伸的，并非完全僵直不动。

太极拳，全部用手，由手主动，不对；两手僵直，完全不动，也不对。过与不及，皆不符合拳理，要中庸，方合正道。

所谓"随曲就伸"，很明白地说出，手要自然地弯曲与伸缩，随着动作而舞动，灵活而潇洒，要打出神韵与拳味，该伸就伸，应曲则曲，而手的伸张曲缩，全是被动，由腰腿主导，手再随动。如此，才能周身轻灵贯串，没有凹凸，没有缺陷，身体才不致散乱，才能立如平准，活似车轮，如此，才能打出完美的太极拳。手，可以说是太极拳的灵魂。

在推手中，发劲时，手要曲中求直，蓄而后发，劲须发之于脚跟，由腿而腰，形于手指。如若只靠两手的蛮力蛮斗，则非太极推手。

太极拳练至纯熟，经推手之锻炼，即能渐悟懂劲，功夫行深时，"全身皆手，手非手"，身体每个地方都可借力发劲，这才是水平。只用手，还是三脚猫。

学练太极，要记着"太极不用手"，这是练拳诀要。练功秘诀无他。

第25章 练拳秘诀
——勤、观、悟

一、勤

俗云："勤能补拙。"又谓："三分天才，七分努力。""三分天注定，七分靠打拼。"一个人要成就一番事业，端看有无下工夫去努力；练功夫也是一样，下了多少工夫，就会得到多少功夫，不下工夫，当然没有功夫，工夫就是时间，功夫是靠时间累积而成的。

练功夫要循序渐进，经久不辍，功力才能一天一天增进。如果三天打鱼，两天晒网，则到老还是一场空。

现今工业社会，生活既紧张又忙碌，然而对武术有兴趣者仍不乏其人，遗憾的是大多数的人都缺少一个"勤"字，也就是练得不勤，不够积极，不够用功，不够认真，而且会为自己的懒惰找理由，找借口，不是太忙就是没有时间，或自我敷衍，自我安慰，这些理由都是牵强的，自欺欺人的，自己占自己的便宜，而终究吃亏的还是自己。

每天腾出一两个钟头来练功夫，应该是没问题的，就看你有没有那个心。惰性是害人的，人往往为了工作稍微累一点，或天气稍微冷一点，而成为不去练拳的理由，其实全是贪睡、懒散而已。

另有一种人是每天都能看到他出来练拳，但却不专心，不用心练拳，身体虽盘着架子，神思却在外头荡游；或者比划几下就停下来休息，或站在一旁与人聊天，表面上看起来似乎很勤，遇有活动的场合都会看到他的踪影，还与人高谈拳理、拳架及用法，蛮像一回事，就好像一个整天抱着书本的孩子，似乎很用功地在念书，但心不在焉，满脑子妄想杂念，成绩单发出却是满堂红，令人愕然。

所以，既已下了决心练功夫，那么就勤快地练，用心认真彻底地练，老老实实地练，一分耕耘才会有一分的收获，切莫躐等以求，蹉跎岁月，到老一无所成，而徒叹息。更切莫误信武侠小说，妄想际遇高人藉内力传输，或巧获神丹，一夕而武功盖世，这些都是不切实际，天方夜谭，不可能的事。

据闻，太极名家郑曼青先生，每天早晚都要练拳，自己立下规矩，早上不练拳就不吃早餐，晚上不练拳就不睡觉，数十年如一日，终而有成，这是身勤。

李雅轩宗师亦是如此，时时刻刻心不离拳。据闻李师有回与人吃饭，突然乍放碗筷，犹如发现新大陆一般，提笔疾书，忽有所悟，灵感乍现，即刻写下，充分将拳与生活结合在一起，他的拳论创见对于后辈学者帮助巨大，这是心勤。一个人成就一番事业绝非偶然，成功的背后需洒下甚多的汗水。

勤的定义包含身勤与心勤，要练好功夫必须身心并练，勤而不懈，耐心而有恒，持续无间，抱持拳练一生的理念。

二、观

观就是观看、模仿。拳经云："默识揣摩，渐至从心所欲。"默识揣摩的前奏，就是"观"。

练功夫要观看老师外在的形体动作及内在的神韵，把眼睛所看到的动作影像烙印在脑海深处，像计算机一样储存起来。当自己练习时，就是默识揣摩的功夫，把看过的影像，如放影机般地从自己的脑中放映出来，一面观想，一面模仿，这就是默识揣摩。观察力好的人，模仿力一定强，不只形体动作相似，神韵风采亦能入木三分，惟妙惟肖。

观，要细微，要深入。观，不是随意浏览，走马看花，心不在焉。观，要专心一意，全神贯注。观了以后，要牢记在心，不可任意丢忘。

观是观摩，观出别人的优点，吸收进来；更要观出别人的缺点，使自己不会犯错。

观摩拳架，要在一招一式，从起式到定式中间的转换过程，往复折迭之连接，虚实阴阳之变化，以及上下相随，内外相合，更要深入地观察气的深沉鼓荡，意的灵静，整体的松柔匀称等，无所不观，丝丝入扣。在观的前提下去进行默识揣摩，才能把招式烙记在心，通过认真的练，就能把功夫学上手。

广义的观，涵盖着听闻以及心领神会。听，是听老师的讲解，闻，是听名家言讲与看人家发表的练拳心得；心领神会，则进入"悟"的阶层。没有听老师的讲解，无法深入了解每个动作所包含的意义及用法，所以学功夫若无老师的口传心授，是无法入门的；不多看有关功夫的书，就是没有多闻，孤陋寡闻，则功夫将被局限于一隅，难以融会贯通。

观，还涵盖着自我的内观，自己向心中深处观察，回光返照，自己检视自己，除了检视拳架、用法是否正确外，还要检视自己的行为、思想、心性，是否时时保持正念。

三、悟

练功夫与学佛的道理是相同的，学佛没有慧根则悟不了道，没有开悟就成不了佛。练功夫如无夙慧则悟不透拳理，练不成大功夫。

悟，不是凭空妄想，胡思杜造，无中生有。

悟，是在勤练中去思考、体会拳理，发掘问题，产生疑问，求出答案；不是人云亦云，如法炮制，盲从附和，一成不变。

悟，是在平时用功学习、吸收，融会贯通后，偶尔的灵感浮现，就会有所悟。

学佛之人，平时要熟读经书，精研佛理，用功参禅，功夫行深时才能相应而豁然开悟。如果平时不用功、不用心，终日胡思乱想，就是被师父敲破了头，也无法悟道成佛。练拳亦然，要认真老实地练，不是自我敷衍，整天东想西想，这边瞧瞧，那边看看，寻奇觅玄，那么，拳练一生，也悟不出什么名堂来。

一个诗人，平日饱读诗书，满腹经纶，于身处某种环境中，会因时、因地、因景而触动灵感，这就是悟，此时信手拈来，就是一首旷世绝句佳诗。此乃平时智慧之库，早已装满各种信息，各种知识学问，只缘灵机触动，刹时即会有所悟。譬如婴儿出生后，天天在环境的熏习中，慢慢地就学会说话，学会走路，当他说出第一句话，迈出第一步时，就彷佛开了窍，开悟了。

平时的耳濡目染，用功精进，是悟的前奏。

悟，不是墨守成规，一味泥古；悟，是自己的创作，自己的发明。悟是通过不断的用功修学，吸收别人的经验优点，灵活思考，融汇自己的体验焠炼而成的创见。

练功夫时，动中犹静，静极而妄念不生，弃除固执罣碍，静至无我相，无人相，静至浑身透空，与太虚融为一体，到此，自性显现，道理豁然贯通，一切忽然明白而生出智慧。这是悟的境界。练拳就是悟道。

练是悟的前提，有练有实践才有悟。所以先贤云："悟后而修，日进千里。"如果悟而不修，或空谈理论，无有是处。

佛家有谓：闻、思、修。

闻，是广学多闻，听经闻法，经、律、论，三藏十二部经典均须熟读；思，是思维，深思熟虑后才能悟；悟后勤修，勤修后方能证道。练武术亦要闻、思、修。闻是观，思是悟，修是勤练。

第26章 谈 劲

一般武术家谈劲，往往说得太复杂，除了掤、捋、挤、按、采、挒、肘、靠等劲外，尚有数十种劲的名称，令人眼花缭乱。

其实，劲的种类名称并不重要，也无须细分，那只是手法运用上的区别。

劲就是内劲，由内往外而生的爆发力。是经由长期的运用神、意、气、松、柔、牵引、拖曳、拧裹、缠丝等方法之锻炼，而深藏于体内的一种充沛而丰富的能量、元素、磁场，或说是一种电能，藉由意气之导引，奔放而出的一种无形威力，其威力彷佛子弹之射出，炸弹之爆破。

子弹可射进铜墙铁壁，但无法将重物拉抬而起；蛮牛之力可以拉动千斤重物，其力却无法穿透厚重之物。

以内劲发人，可将脏腑击碎；以蛮力打人，只是表皮瘀血青肿。劲伤在内部，力伤在表皮，这是劲与力的区别。

劲的锻炼，在松中求之。盘架子宜松而不懈，松中含意、含神、含气，气在松沉中带劲，在松透中可感觉气劲的沉重、厚实，如棉中藏铁，练习日久，气敛入筋脉骨里，劲由无而有。如果用力，形成气滞、气僵，气不流行，气不沉淀，反而会阻碍劲的产生。

盘架子，每一个流程，不论上提、下放、转换、折迭，千分之一秒中，均要有掤捧之意、之劲，不得懈掉，一懈掉，那一股劲就断了，再接过来时，就变成有断续，没有办法达到"绵绵不断"的境地，劲的累生就比较费时而困难。

练习推手，如果虚荣心作祟，好胜心太强，就会使出蛮力，忘记松柔，劲则反缩，功力进展受限。以平常心练推手，胜负不计，败是胜的阶梯，没有败作阶，达不到胜之目的地。往松的目标缓缓励行，成功的终点反会提前而到。

第 27 章　也谈妙手

甲名人说："纯阴无阳是软手，纯阳无阴是硬手，一阴九阳根头棍，二阴八阳是散手，三阴七阳犹觉硬，四阴六阳显好手，唯有五阴并五阳，阴阳无偏称妙手。"看起来好像很有道理。

乙名人却不以为然，主张："纯阴无阳是柔手，纯阳无阴是刚手，一阴九阳根头棍，二阴八阳是散手，三阴七阳犹觉硬，四阴六阳是败手，五阴五阳是平手，六阴四阳显高手，七阴三阳称好手，八阴二阳是妙手，九阴一阳称神手。"看起来好像也不错。但是有一点叫人看了"雾煞煞"，眼花缭乱，错综复杂，搞不清楚谁说的正确。

乙只是将甲之"软手"改为"柔手"，将"硬手"改为"刚手"，往下一阴到三阴照抄不变，四阴六阳反驳为"败手"，五阴五阳手反驳为"平手"半斤八两，接下去六、七、八、九阴是自己的创见。两人见解的不同点在四阴六阳及五阴五阳，甲认为四阴六阳"显好手"，乙认为"是败手"，甲认为五阴五阳"称妙手"，乙则认为五阴五阳"是平手"，八阴二阳才是妙手，九阴一阳称神手。孰是孰非，当然没有定论。

乙并强调以两个实力相等的大汉，比试一天一夜而累死，比喻五阴五阳是"平手"，是不对的。

某丙看乙另有主张，又似是而非，也技痒"忍不住想说几句话"。

丙认同甲说，并以太极图的黑白结构作比喻，认为五阴五阳居中间，黑白各占百分之五十，彼此地位相等，所以五阴五阳才是妙手，如果九阴一阳则成"太阴"会离太极而去。还说太极应等量齐观，比值相等。又引用五行金、木、水、火、土作说明，说的也是振振有词。并以美国之强势攻打伊拉克之弱小比喻"九阴一阳为太阴"，是弱不敌强的，会离太极而去。

说到太极，很多人都爱用五行、八卦来作比喻，一般人对五行、八卦不太了解，练太极拳是否得先去研读五行、八卦或易经，读者可依自己的智慧去判断，多懂得一些应该是不错，不懂也无所谓，只要勤练多悟，照样可以成为高手，照样能练就妙手。

经云："太极者，无极而生，阴阳之母。"人体是一小太极，依中医理论是有阴阳虚实的，阴阳相济，四大调和，身体即得健康，这是阴阳。阴阳相济就是平衡中道，这样讲五阴五阳，讲等量齐观，比值相等，才讲得通。

某甲论的是劲道之刚柔，讲的是"体用"，不是"质量"，不是把阴阳当作一个"质量"来衡量，去计斤论两。某甲讲的是内劲刚柔的运用，亦即虚实之运用，而以阴阳作为虚实份量之多寡，来比喻区别。如果是讲运用，当然有虚实之分，阴阳之别，所以这边所讲的阴阳，应该是形容词，而非质量比重，是专指内劲运用的虚实变化而言，非指阴阳质量比率。

以另一个方向来思考，内劲的实体当然越浑厚沉雄、越饱满越好，要纯阳无阴才好；再者，若将太极的内劲，无论质量或虚实运用，固定以几手来分，作判别好坏，那是死法。

经云："法无定法。"一个好的法，它也是有变化的，这个法对某人某事有效用，对另一个人另一件事可能无效用，所以要因地制宜，随机应变。毒药有时也可以治病，良药用不对症，亦会医死人，能依病给药才是良医。一剂很好的秘方，不一定能医治所有的病。

在此，作一个另类方向的思考，我说五阴五阳是对，因为阴阳相济嘛，中道中庸嘛。再换一个方向来思考，我说五阴五阳是错，怎么说？因为五阴五阳就是双重，双重是病。经云："有不得机得势处，双重之病未悟耳！"再从另一个角度来思考，我说五阴五阳双重没错，行拳走架或推手，何处没有双重？双重乃虚实变化的交会点，虚须经过双重才能转实，实也须经过双重才能转虚。那么双重岂有错误，错是在固执拘泥，不会变化，虚实阴阳拿捏不准而已。

所以五阴五阳也对，也不对，其余诸阴诸阳亦复如是，没有任何一件事物是绝对对或不对，因时、因地、因法，而有不同的立场，不同的运用，所以不必进行无谓的辩论。

某乙将两个实力相等的大汉比试一天一夜而累死，来比喻五阴五阳是平手是不对的，这样比喻是不妥当的。某丙以阴阳势力悬殊，而以美国瓦解伊拉克政权来作比喻，也是不得体的。以另一角度来思考，美国虽以大军压境之势攻打伊拉克，打得伊拉克国土面目全非，事实上美国并没有打赢这一场战争，世人对美国随意无名出兵欺压弱小产生反感，美国在国际中的地位已不复为人所敬重，况且美国今后将更面临恐怖分子的威胁而提心吊胆。

再说，强势如能任意欺侮弱势，那么我们还练太极拳做什么？又如何能以柔克刚？以小制大？以无力打有力？岂非矛盾。

一个真正的太极高手，定能随心所欲，自然运化虚实，转变阴阳，一阴九阳也好，一阳九阴也罢，都可运用自如，所谓运用之妙存乎一心，无论几阴几阳都能运化出"妙手"，这才是神乎其技，才是真正的"神手"。

学拳练武，讲求实际地、老老实实地做功夫，不宜成天在纸上作文章，玩数目游戏，玩文字游戏，一味空谈理论，讲得天花乱坠，口沫横飞，否则到老还是一个武术白痴，浪得虚名而已。

第 28 章　太极拳不动"足"吗

某杂志有人发表"不动手"一文谓："所谓不动手，包括'足'在内，皆不得自动，而是要随意、随气、随腰而动，唯腰为主。质而之，以心行气，以气运身，于以推动，手足决不可自动，非待腰能便利从心之后，手足方得随腰而动，是谓之太极拳不动手。"

笔者愚昧，或许孤陋寡闻，从来只闻太极拳不动手，未曾听说太极拳不动"足"的。

所谓"太极拳不动手"，它的真义是告诉我们，在行功走架时，手是处于被动的地位，必须藉由腰胯来牵引、拖曳，而加强运动的深度，因为储沉于丹田之内气，如果不藉由腰胯来牵引、拖曳、鼓荡，而只以手局部之行动，其行功的效果是有限的，也难达到"气腾然""气遍周身"及"内劲生长"的地步。然而，以腰为主宰来牵引上半身的动力，若无双足借地之力，绝无法为之，这是"太极拳不动手"的理论。

我们用心地思考，腰胯以上的身、手、头是悬空的，上不着物，可以由腰胯来牵引、拖曳而运行，而我们的两足是着地的，因有地心引力的关系，要去牵引、拖曳，必须先移动重心，一足离地，有了虚实，才能有所行动，所以"太极拳不动足"的理论，似乎是难以成立的。

此同好强调："手足决不可自动，非待腰能便利从心之后，手足方得随腰而动。"所谓便利从心，就是能随心所欲，能从容顺利地运行丹田中的内气,去牵动四肢百骸。

那么试问,那些初学者或还未达便利从心的人,怎么办？手足既不可自动,非得等待腰能便利从心之后,手足方得随腰而动？此句文词似有语病,应该转为,太极拳是不动手的,须随腰腿而动,如是恒而练之,才能达到便利从心的地步。而不是非得等待腰能便利从心之后,手足方得随腰而动。

拳论谓:"其根在脚,主宰于腰,形于手指。"在技击运用,发劲,是发之于根;根,就是足,以足部借地之乘载力,同步,经腿而腰,同时运达于手,这才是整劲,否则都还是断劲、局部劲。

同理,技击之运用,与拳架是不可分的,如果硬把它们分别,或截干取枝,或似是而非,都是与正理相悖的。

所以,太极拳不仅要动足,更要动之于先。也因动,而分清、变化了虚实,致下盘趋于轻灵,亦因双足之借地力,而逐渐产生入地生根之沉稳力,真正达到便利从心之境地。如果"足"不能自动,而"唯腰为主",即成上下不相随、不协调,变成呆滞不灵的蹩脚仙。

第29章　论足之双重非病与虚实变化

虚实变换的交会点就是双重，没有双重即无法变换虚实。人无法跳过时空而变化虚实，唯有通过交会点的双重，始能有虚实之变化，故说足之双重非病。太极起势，就是一个双重，而后阴阳分，始有虚实，之中又复有无数的双重、无数的虚实，乃至收势仍以双重收尾。以上所言系专指两脚之虚实与双重。

那么，为何王宗岳的太极拳论要说："偏沉则随，双重则滞，每见数年纯功，不能运化者，率为人制，双重之病未悟耳。"

王宗岳所谓的"双重则滞"，依笔者之见解，应该是广义的泛指全身的虚实而言双重，非狭义的专指两足之双重。两足之双重未必会影响走化。譬如甲以双手推按乙胸，乙虽两脚双重，但是只要乙气一沉，胸转虚（偏沉则随），依然可化走甲力，不会受击。反之，如果甲的功夫尚未纯熟，虽双脚虚实分得很清，能单脚而立，却不会变化虚实，照样会被打出。

所谓"偏沉"就是转变虚实，虚实善于转化，敌则落空；不会变化虚实，才有双重呆滞之虞。能领悟体会这个道理，则无双重之病，才能说功夫已臻纯熟；不能领悟体会这个道理，虽脚无双重，虚实分得清，然而如果周身全体之虚实不能变化，仍然是落于双重的地位。

十三势歌云:"变转虚实须留意。""静中触动动犹静。""因敌变化示神奇。""屈伸开合听自由。"行功心解曰:"步随身转,收即是放,断而复连;往复须有折迭,进退须有转换。"这些全部都是在强调虚实变化的重要性,所谓"懂劲"必是包括懂得变化虚实在内;懂得变化虚实,才能便利从心,才能随心所欲,意气才能换得灵,才有圆活之趣。

某师谓:"所谓总此一虚实者,即其根在脚,将全身重量必须放在一只脚上,若两脚同时用力,便是双重,双重即如少林拳马步,此为太极拳最忌之大病,切记,切记。"此师之言,特别强调全身重量必须放在一只脚上,不可双重。

脚之双重非病,也非太极拳之大忌。少林拳马步,无错,余非练少林拳者,不会偏袒少林拳,而是就事论事。马步可以用来单练桩法,练太极拳或其他内家拳,也有马步桩法之练习,如浑元桩等是。所以学练太极拳者,大可不必一概藐视外家拳,外家拳有外家拳的另面优点;内家拳练不好,用起来也不一定能胜外家拳。

少林拳虽被一些武界归类为外家拳,殊不知,那只是初练阶段,初练阶段是外练筋骨皮,至高阶,也是要内练一口气,也就是精专内功的修练,那是在少林内院,外人无法一窥究竟。

张三丰祖师遗著《太极拳论》云:"虚实宜分清楚,一处有一处虚实,处处总此一虚实,周身节节贯串,无令丝毫间断耳。"祖师说,虚实应该分清楚。"一处有一处虚实",是指全身各处均有各处之虚实,非局部指脚之虚实。"处处总此一虚实",每一个地方都要有虚实变化,非专指脚之虚实。"周身节节贯串",这边有说到周身,周身即全身各处,节节即各个关节,皆要贯串,也就是要连贯灵活地变化虚实,不能有一丝一毫的间断。间断,就是不连贯,不灵活,不能变化虚实。

第 29 章 论足之双重非病与虚实变化

祖师并未说，打太极拳必须将全身重量放在一只脚上，若两脚同时用力，便是双重。祖师所说处处总此一虚实，并非专指脚之虚实而已，而是教我们要周身节节贯串，无令丝毫间断耳。

练拳如果固执于全身重量必须放在一只脚上，而不明白处处总此一虚实的道理，就会走入死胡同，不能达到"纯熟"与"懂劲"之境地。

此师谓："所谓总此一虚实者，即其根在脚。"余意以为"处处总此一虚实"者，绝不仅止于脚，因为它的前面还有一句"一处有一处虚实"，已然很明白地说明全身上下都可以变化虚实，也不止于身体重量的虚实，应该还包括无质量的虚实，如声东击西、引君入瓮、以退为进、引进落空、故呈败状、装呆卖傻、假假真真、各种欺敌手法等，都在虚实变化之范畴。

"其根在脚"，是指发劲之质体而言，非专指虚实。因为太极拳论明白指出"其根在脚，发于腿，主宰于腰，形于手指，总须完整一气"，是在叙述发劲的要领，发劲必须根于脚，再由腿而腰，形于手指，如此始能完整一气，才能发出整劲。拳论并未谓"处处总此一虚实，即其根在脚"，而是言"处处总此一虚实，周身节节贯串"。拳论强调的虚实，是泛指全身要节节贯串，亦即周身之虚实皆须贯串起来，不能分开，不是片断的，不是局部的，也不仅止于脚。上虚则下实，前虚则后实，左虚则右实，所谓左重则左虚，右重则右杳是也，要因敌变化而示神奇，非固执偏重于双脚的虚实与双重。

我们读经看论，不能依文解义，所谓"依文解义，三世佛冤"。也不必人云亦云，毫无主见。"尽信书，不如无书"，余则曰："尽信师，不如无师。"存疑而不慢，是我们学拳的思维。如果闻而不思，依样画葫芦，则无法跳脱别人所划的框框，只能在框框中翻来覆去，永远不能融会贯通。

两足双重非病，周身虚实无由变化才是病；全身虚实不能变化，处于受制地位，才是挨打的架子。两足双重，还有身体可以变化虚实，故言非病。

第 30 章 死功夫与活功夫

死功夫，就是虽然能练出某些程度的东西来，但是不能灵活运用，或者要运用的时候功夫使不上来，变成有练不能用，或有练不会用。

譬如，练硬气功，将气运到肚子上，或运到背部上，任你拳打脚踢或用木棍铁锤击打，不会伤及丝毫。又如练铁砂掌、铁头功，可以一掌劈死一条牛，撞死一头马，这些都是死功夫。像这样的功夫，你认为好吗？你欣赏羡慕吗？如果答案"是"的话，那只能说你对功夫的体认还不够深入。

真正的活功夫涵盖"体"和"用"。

"体"，就是功体，或内功，或气，或内劲。是藉由松柔的吐纳与意念的导引，经年累月的锻炼、蕴藏、内敛、累积而成的一种元素，一种磁场力，一种爆破力，我们称它为"劲"。此种内劲，是轻敏、活泼、机动的，似有似无，无形无相的，看不到，触摸不着，不用时，它是隐藏于密的；用时，则是排山倒海、气势磅礴、骇浪奔涛、石破天惊的；它没有预备动作，不须运力鼓气，它是一触即发、发而皆中的，它是措手不及、神不知鬼不觉的。

"用"，涵盖走化与发劲，也就是防守与攻击。"走化"，是灵活机动的，该走才走，应化才化，不是乱走滥化，全身扭摆晃动，颠三倒四，跌跌撞撞的，而是规规矩矩、应时应物、随机应变、不慌不乱、沉着稳定、处变不惊的。真正的走化，是当外力打击接触到我们身体的刹那，借着外在肌肤神经的听觉与内在气劲的吞吐，将外力自然消化于无形。

"发劲"，就是攻击。攻击必须具备的条件，乃是自己本身蕴藏着无穷的内劲，随时可以汇集爆发，一蹴可就，不须经过准备、凝想、思维，它是自然反应，不假思索，如常山之蛇，击首而尾应，击尾而首应，打中节则首尾俱应。发劲必须能"后发先到""发而必中"，才算是此中高手，这是活功夫。

一位拳友常褒扬他老师有多厉害，七八个学生站在一排椅子前，距离十步，老师向他们发劲，将学生一一跌放在椅子上，每次总是津津乐道这件事。我则认为这是死功夫，没什么稀奇，学生死站在那儿，没有反应走化，这不过是死功夫罢了。如果双方是互对的，是活动游走，有变化的，在这种情形下，若能将对手发出安坐椅上，才算活功夫，才是好功夫。

一位拳友打沙包，打到手背都长茧，一拳打出有多少磅的威力，可以击破砖块和木头。可是和某甲玩推手，被人一粘一黏，有力却无用武之地，力量一点也使不上来，总是颠三倒四，气喘如牛，气急败坏，只有直摇头，疑惑着找不到答案。他现在沙包打得更勤更卖力，总希望有一天能打败某甲。这是死功夫，练到老还是一场空，以他的智慧永远无法悟得功夫的真髓与道理所在，真是令人遗憾与叹息。

一位拳友自称下盘稳固，已练至入地生根。常摆好架势定在那边，叫人推他，确实稳如泰山，不能动他分毫，他也以此沾沾自喜。看某乙瘦弱，总是不屑一顾。一回，见某乙与学生练散打，走了过来，挑衅地说，我站这儿不动让你推，看你如何？某乙一再谦辞，他却步步逼近。不得已，某乙说让人推不稀奇，你要打得动我，才算了得，言毕拳头已

第 30 章　死功夫与活功夫

直冲而来，某乙顺势一接，内劲已同时打出，完全是自然反应，他应声跌出。从此运动场上再也见不到他的人影。

有学生问，练拳要不要其他辅助器材，比如练力的举重、哑铃之类，或打沙包等，或借助药洗、运功散等。这都是不明了内家拳的内涵。内家拳一向主张练柔、练松、练意、练气、练神，不必借助这些练力的辅助物。我们不要练力，不要练蛮力。我们练的是内劲的敛聚，练的是爆发劲之威速，是子弹的爆破，不是蛮牛的拖车，是智慧的拣择与结晶，不是莽夫的拥力自重。

李某某是个功夫迷，据闻他练功夫，常自己设计一些动力器械来练，人与机器竞力，因长期透支体力，劳心、劳神、劳气，所以才会英年早逝，令人惋惜。练死功夫、硬功夫，绝对会伤害筋骨、韧带、肌肉、神经，从功夫的角度来说，它会使人动作僵固，反应迟钝，听劲冥顽，在搏击实战时，处于失利的劣势，这是愚者的练法。

中国的武术家，如台湾的"拳头师"，有的只注重拳架的练习，"拳头"练得蛮像样的，可是遇到真枪实战时，总是不堪一击，被打得落花流水。这是什么原因？因为不务实，只顾表面文章，只是花拳绣腿，绣花枕头，外表好看，里面是草包。这是死功夫。

中国功夫，虽由李小龙、成龙、李连杰等武功电影的崛起而风行一时，外国佬纷纷向我们学练功夫，但是时至今日，这些崇拜的外国佬，究竟有无学到真正的功夫，是值得质疑的。我想即使练得三五年，也只能练得表皮而已，难得练到内里，或者是遇不着明师，或者没有智慧悟力，这是难以一语道尽的。

一位拳友，学的是某家太极，曾到大陆参访名家，带了五六十万新台币，花钱学功夫，数月钱已花光，向人称说，学了好多真功夫。一次，一起在朋友家泡茶，与某丙玩起推手，某丙和他推了几下，大家互相客客气气的，不言输赢。休息时他一直赞叹某丙，说某丙的内劲像极了他的老师王某某先生，某丙也跟他客气了一番。

其实，在某些场合，某丙曾看过他表演某家太极，打得虽是虎虎生风，震地有声，但是暗地里某丙发觉他气喘吁吁，面色发青。他发劲的气势是从口中发气，从手中出力，不是从丹田发劲。加上某丙与他推手，感觉他气劲不沉，漂浮轻忽，听劲不佳，因此某丙认为他没有学到真功夫，只学到了表面死功夫而已。然而，他现在学生很多，收入颇丰，俨然是一介名师。

真功夫不是能靠金钱买得的，也不是两三月或两三年即可练就的，它是必经长期的练习，长年的累积内劲，始可有成，所以才有"十年太极不出门"之语。这确实是如此的，你急也没用，你花钱也买不到，而且你还得老老实实地练，认认真真地练，如果是三天打鱼两天晒网，莫说十年，一辈子也练不出啥名堂来。

真功夫要从站桩、基础拳架起练，练个三五年，至内劲渐生时，就可开始学推手；推手听劲练出，走化无碍时，就要往高峰迈进，开始练自由散打。有人认为练散手容易受伤，其实不会，因为练至内劲聚生时，身体充满一股活泼的内气，它是有弹性的，彷佛充满了气的皮球一般，可承受外力的打击，不会受伤。至于脸部较脆弱，在练习时规定只能用手掌拍打，不能用拳头，对练双方如果互有默契，心无恶念故欲伤害对方，以点到为止，安全绝对无虞。这样慢慢累积经验，熟而生巧，真功夫才能慢慢学上手，不是光说不练、光看不学，就能致之的，也不是光练体，练拳架一大堆，那些与活用是牵不上关系的。就好像书呆子，念一大堆书而没有实务经验一样，无法学以致用。

所以，向人学练功夫，眼睛要擦亮，莫投错门、认错师，否则徒然浪费宝贵的时间与金钱。

有一位师兄弟，离开本门，去与某师学陈派太极拳，已经学了八年，照理应有相当的基础。有次见面，我问他功夫学得如何，他说还在改拳架，我一时傻愣，八年还在改拳架，要待何时才练推手、散手，他也太有耐性了。或许他只想练拳架就好，不想推推打打的。拳界有很多人都是如此，满足于拳架，不想升进，求更深一级的功夫，这也是令人无可奈何的，每个人的兴趣不同，思想观念不一，只有随缘。

而我的看法，武术功夫是一种技艺，含有高度莫测的技击技巧及深奥的艺术。它是有层次高低的，就好像学音乐，你不能只会流行歌或乡村野曲，交响曲你也要懂一些，萧伯纳、舒伯特你须涉猎一点。功夫的领域，涵盖体与用，如果光练体不练用，就彷佛身体只有脚没有手，不能相辅相成。或许你会说，我只想身体健康，练体练拳架就好。但是你须知，如果只练拳架而不会用，你就无法领略如何借地之力，借力使力；因为你未曾练发劲，不知如何以丹田运气，对气劲之运用无法深入体验，所以在拳架的表现上，就会缺少雄沉、浑厚、气聚、劲敛之内涵，虽然外表走着架子，但是没有拳的灵魂，没有拳的生命，不过是空架子而已。

所以学练功夫，是需要经过很长一段时间的锻炼、浸淫、琢磨、培育，绝对没有速成班，也不是金钱可以购得的。如果你误听人家谣传，说某人功夫如何神奇了得，就提一把重金，想很快就把人家的功夫学过来，那你铁定会失望与后悔的。因为你遇到的不一定就是明师，即使你遇到了明师，还得具足师生的缘份；如果你一切因缘都具足，遇到了好老师，也有师生之缘，又能够尊师重道，你还得认真老实地学习，磨个十年八载的，你才能够学到好功夫，学到真功夫。否则也只是辗转摸索，进步有限，难得入门。

目前有很多人，不肯好好地练拳，不肯认真去下工夫，只想一步登天。拳架尚无基础，越级学推手，教者有钱可赚，来者不拒。经一两年训练，练得一身僵硬顶撞，蛮推烂打，虽然参加推手比赛也得过名次，就此洋洋得意，不可一世，甚至开班授徒起来，真是贻笑大方。须知，推手只是散打搏击的一个练习阶程，不是功夫的全部；如果没有长期的累练内劲，成就不了真功夫。如果只会硬顶蛮推，这样的推手，从功夫的领域来说，只能算是三脚猫，在实际搏击时，是上不了台面的。

日前，电视中有一则节目，是闻名的某门派表演硬气功，其中一个运气至脖子，脸红耳赤，青筋暴露，另一个拿起两根铁条慢慢用力刺去，最后铁条弯曲了，脖子无伤。主持人问他练功多久，回曰："两年。"我之所以要提此档事，乃是要证明谚语所云："死功夫易练，活功夫难学。"一些硬功夫、死功夫，只需三两年即可学成，就如没有内劲基础的推手，只要你有一些力量，反应还不错，练个两三年，你也能在拳界呼风唤雨一时，可是不会长久，因为力量与反应会随着年龄的老化而逐渐退却与消失，所以英名不能永久保持，明星总有陨落之时。所以学练功夫，以力胜是不足取的。闽南语云："相扑有大小汉，相打无大小汉。"意思是说，像摔跤、角力、相扑以及胡缠滥打的推手之类，较从向以力取胜的比赛，它是有体重与块头的差别；而散手对打搏击，是以技取胜，所以没有体型力量大小之别。内家拳本来就不以大力胜小力，而是以柔克刚，以小制大，以弱服强，以智取胜。所以练功夫，要练活功夫，不要练死功夫，要练智慧的活功夫，不要练莽夫愚蠢的死功夫。

学者各自的需求为何？如果想速成，想炫耀于人，那么就去练硬功夫或死功夫。如果想学真正的活功夫，对身体又有利益的，那么就去找一个明师，好好地练，老老实实地练，认真地去参悟，让时间去成就你的功夫，去磨练你的心性、耐力、毅力与忍力。

第 31 章　太极拳不止于拳架与推手

太极拳是一种拳术、一种武术,当然是可以用来技击防身的。所以太极拳不仅止于文人的健身把式,它意涵武术的防卫技巧与战斗艺术。练就全方位的太极拳,不仅让你温文儒雅,更能使你在温雅中蕴借着一股安然无畏的气势与胆识。

现今太极拳界,以练拳架者为多,练推手者少,练散手(自由对打)更为稀有。或许有人主张,太极拳是我们文人用来健身的,我们不讲求耍强斗狠,那是武夫的行为,大有歧视习武者的意味。这全是个人思想观念的偏差,并以文人自居的傲慢与虚荣心作祟。

亚洲的日本、韩国等,他们企业界的高级主管,大部分都会习武,如跆拳道、剑道、合气道或柔道等。这使他们在谈判桌上与人谈生意、协商、斡旋,或交际应酬,表现出极度之自信、随机应变与临危不乱的风格。

这与某些高官在国际外交上与人对谈时,那种手足无措,那种怯懦、畏缩、缺乏自信的模样,真是不可同日而语。一个国家是否重视武道精神,在为人处事上有着极大之关系。

全方位的太极拳,包含基础拳架、练就内劲、再求推手、散手实战与修行。

有些人练太极拳,是因为身体不好才练的,这些人只要得到健康就很满足了。少数有心人，确实是为追求功夫而练太极拳，但是未入门，不知太极功夫如何练就，又无机缘遇到好的老师，只得去公园、学校的教练场学练，或暗自摸索。跟着团体比划，三两个月练完一套拳架，沾沾自喜，接着又练剑，又练刀及种种兵器。几年过去了，自以为练得了太极拳功夫，参加拳架比赛也侥幸得了名次，就当起教练或当起老师来，实际上还是一个太极拳的门外汉。

有些好动的人喜欢推手，懒得练拳架与功体，因为心静不下来。看人家推手也去参一脚，跟着学推手，几年下来，练得一身蛮力，虽懂得一些听、化技巧，比赛也得了名次，而实际上，真正的太极功夫仍未到手，也就当起老师来，一副不可一世的模样，让行家看在眼里，暗自好笑。

某君就是一个实例，他参加推手比赛，屡得冠军，自以为功夫了得，就去参加国术搏击比赛，一上场，就被打得鼻青脸肿，败下阵来，从此不敢再谈功夫。这使我们得到一个教训，初浅的推手，不是功夫的全部。

太极拳的内涵有三部曲，初阶、中阶、高阶。

初阶，练体。体就是功体，包含基础拳架、站桩及一些内功练法，这是基础，也是扎根。万丈高楼平地起，没有基础，一切免谈。真正的功夫，没有速成，绝对没有，你得按部就班，老老实实地练，三五年熬过，内劲生出，慢慢苦尽甘来，渐能体会太极功夫的实际本质。太极拳的本质，就是以松柔的方法，练意、练气、练神，使气充盈筋骨，而敛入之，必须敛入，始能生出内劲，具备内劲的实际本质，此时方可与人谈劲，及开始练习发劲。非此，则一切都是纸上谈兵，一切都是空谈，人云亦云耳，到老还是一场空，虚掷岁月而已。

练习拳架，内心必须恭恭敬敬，诚诚恳恳，不可耍玩太极拳。所谓耍玩，就是心不诚恳，心不在焉，吊儿郎当，玩世不恭，不认真、不在意，以耍玩心态、玩票心态练太极拳，永远不能成就。

练习拳架，必须老老实实，正正确确，盘架子要方正圆融，应低则低，该伸就伸，不要怕吃苦，吃得苦，才能出人头地。如此一头练去，时间到了，自然生出东西来。站桩，也是扎根功夫。古人练拳，先练站桩，待下盘稳固有根，方始练拳。真正想练功夫，站桩绝不可废，可与拳架并练，更有进境。

中阶，练推手。内劲成就，再来练习推手，才能产生作用，否则只会练出一身蛮力。慧根好的，可在初阶时并练推手。推手是练听劲、化劲、发劲。听劲乃透过身手之接触，练习粘连黏随，使神经触感产生灵敏作用，达到人不知我、我独知人之境界。化劲，因听劲的敏觉，而得消化对手的来势，所以能听（能觉）始能化。发劲，得先成就内劲，发劲始生效用，否则只是蛮力硬取，虽能一时争胜，然至高阶散手时，必败无疑，因为力不胜劲。

推手练习，应先由老师喂劲，如婴儿之喂奶。通过喂劲，才能了解发劲之技巧，否则只是硬劲，无法成就弹簧（抖）劲，亦即巧劲。未成就内劲，虽然也可以练习推手，但以不使拙力为之，可部分达到听觉的效果。

高阶，练散手。散手即对打、自由搏击。练时可将拳势中之单招单式拆开对练，待熟稔后，再换另一招式。如此，由着熟而渐悟懂劲，当悟到懂得劲如何走化、如何发打、如何拿捏时，则由有招有式变成无招无式，自由对打，而至能自然反应，随机应变，随心所欲，庶几谓太极有成，其他的只有靠自己去历练，去实战。有人练散手，编成上、下手对练，练成机械化，只能作表演用，如不拆开熟练而达到无招式的自由对练，不可与人言散手。

当我说到练推手时，你也许会怕，当我说到练散手时，你更是怕，遑论实战了。因为怕受伤，所以不敢推，不敢应战。其实如果有正确的教战守则，有正确的练习方法，伤害是可以预防避免的。只怕你遇到的是伪师，土法炼钢，蛮力使乱，你不但练不成功夫，而是全身伤痕累累，留下无穷的后遗症。

现在的老师，会喂劲、喂招的寥寥无几，在推手方面，顶多教教转腰柔身，或在两人互推当中指点一些比赛的技巧，纯以比赛为出发点，所以常常会导致使出蛮力，进步虽有，但难以练成真正的功夫，最多仅止于蛮力推手而已，在推手圈内玩玩把式，无法在武艺方面与人论高低。

推手会喂劲，推起来一点也不费力，也不气喘，也不疲累，连续推它两三个钟头，也不厌倦，而且愈玩愈有味，会让你一头栽进去，没完没了。散手亦同。老师会喂招，招熟而至变化万端，也是趣味横生。当你练到能够自然反应，化打一气，能以身体接劲并将对手弹出时，你才能深深地体会，什么是成就感。跟好的老师练习推手及散手是不会受伤的，因为他的听劲灵敏，知所着力，点到为止。有些心态不正的老师，为了要表现他的功力，故意将学生打伤，这是心念与虚荣心的问题。

看到这里，你如果还想学真正的太极功夫，去找一个全方位的老师，只要心诚意正，定有机缘遇到。如果你只想玩玩票，那只好在这个圈子里继续玩下去。

佛教有三乘，小乘求人天福报，修行的方法是布施、持戒、行善等。二乘修解脱道，修除我执，入无余涅槃，不再轮回六道。三乘亦即大乘，修佛菩提道，兼修福德、戒、定及般若智慧等，可以成佛，利乐有情。人天福报总有享尽之时，福尽亦是轮回六道；二乘无余涅槃虽了生脱死，不受轮回之苦，然其果报只是利己，不能度众利人，故佛斥之为焦芽败种，自了汉。大乘之佛菩提道，可以成佛，度无量众生，是为利人利己。

太极拳，拳架、推手，是小成功夫；散手能从心所欲，是中成功夫；欲入大成练神还虚之境，尚须修心养性，走修行的路。

第32章　太极教学观

本文主旨在打破目前一般太极拳教学法。

现代太极拳的教学，皆以健身为主。有些教练只是短期教练训练班出来的，连拳经、拳论是什么都不甚明了。教导新学员，只让他们跟在后面依样画葫芦，学生跟着比划，大部分练成了太极操。

至于何谓以心行气，以气运身，何谓中正安舒，轻灵沉稳，何谓节节贯串，绵绵不断，何谓气宜鼓荡，神宜内敛，上下相随，内外相合，则一知半解。

有些人练起太极拳，全以体操方式为之，无法体会气为何物，不知如何鼓荡运气，如何敛气入骨，所以对健康及技击效果不大，慢慢地他们就会失去练拳的兴趣，减低学习意愿，成为太极拳发展中的无形阻力，这是值得太极拳界深思的问题。

其中，关于推手的教学则更遑论了。现在大部分的教练场，对于推手都没有正规的教法，顶多教一些腰胯的松化，接着就是两人一组的相互斗力、扭抱、拉扯。此种斗牛式的教法，可比喻为土法炼钢。当然，悟性好的人，也能经过长期的摸索而学会听劲走化等技巧，但这时候，莫不已是全身伤痕累累，扭伤、挫伤、韧带拉伤，留下日后难以治愈的运动伤害及后遗症。

很多中老年人都不敢练习推手，视推手为畏途，深怕跌倒摔断骨头，几乎到了谈推手而色变的地步。我有一位拳友跟某位"高手"学推手，这位高手为了表现他的功力高，一接手就把拳友用力推去，他才五十几公斤，而高手体重九十多公斤，身高一百八十多厘米，哪堪一推，摔倒不说，手臂也折断了。此后拳友一提起推手，就会把这位高手臭骂一顿，再也不敢尝试推手。就这样，我们的国粹，中国功夫，怎能不慢慢失传而一代不如一代呢？

在大陆一些公园，每天清晨都有一群老人，六七十岁、八十岁以上的也有，两人一组在玩推手，你来我往，轻轻松松，节拍轻快而有节奏，仿如跳舞一般。他们把推手当成如跳舞一般的运动，好玩又不累，又可以练功夫，那像我们这边斗牛、拼命，练出满身是伤，这是值得我们检讨的。他山之石，可以攻玉，为何我们的推手，老是固守在这个死巢臼无法跳脱、革新呢？

在拳架的教学方面，应该一招一式慢慢地来，一式未熟不宜教下一式，如果囫囵教去，无有效益。

每个招式名称应向学生说明，至能记起来为止。记招式名称，能增加练习的印象，招式名称就像每个人都有一个名字，方便称呼。

在动作方面，每一式由起点，行进之间的过程、方向、角度，到定式，都要慢慢地、有耐性地示范讲解，一次一次再一次，不厌其烦，直至学生能完全明白为止。遇到进退转换折迭处更须详细说明，至于虚实如何变化才不会手忙脚乱，不搭称或呆滞不灵；呼吸如何更替才不致憋气、逆气、而造成喘息、郁伤；气劲如何提放，蓄劲、发劲如何与气相配合，均要一并附带说明。虽然初学时学生不能领会那么多，但长期耳濡目染，即能融会贯通。如果粗制滥造，敷衍而教，日后修正可就困难，所谓学拳容易改拳难。

正确的教法，速度也许比较缓慢，一套拳最快半年至一年才能完成，但学成后就不必再有太大的修改，基础拳架就算完成。当然不见得每个学生都能练得十分完好，但已能八九不离十了。

古法的太极拳练习，拳架要学三年，再练兵器三年，以后才练推手及散手数年，始能大成，正是"十年太极不出门"。如今时代不同，要说十年，每个人都会脚软，兴趣缺失。

科学日新月异，太极拳的教学法也要有所推进。泥古不变是落伍的思想观念，所以对有心追求功夫的人，在适当的时机，就要同时指导练习推手和散手。本来太极拳除了强身之外，就兼具技击功夫在内，如果只学拳架不练推手，那么太极拳只算学到三分，学推手而不练散手，太极拳只算学六分。完美无缺的太极拳，要能应敌裕如，黏随走化、拿捏提放、虚灵兼备，能发劲于刹那方寸之间，临机应变，随心所欲，神奇莫测。

目前一般推手练习大部分是土法炼钢，由蛮斗训练而成，很多选手虽在推手比赛中拿到好成绩，但这并不表示已练就了应敌的技击功夫。推手功夫未臻上乘境界时，在实际搏击运用还有一段距离，如果只在推手比赛中得到冠军就以为功夫已经了得，在实际搏斗时，定然要吃大亏，到时还说太极拳不能用，其实只是功夫还未练到家而已。

太极拳架，每一招式均含走化与攻击，有蓄劲与发劲之技巧。如果空走拳架，一辈子也不知道劲要如何运用，甚至连内劲都还没练出来，即使从拳经拳论中得知一些理论，但是没亲自去实践体验，没有好老师亲自喂劲，永远无法领悟其中的诀窍。没有长期的喂劲，则不能听劲，不能懂劲，不能阶及神明，那又如何能与外家拳比对呢？当然是不堪一击了。

推手喂劲的练习，可将每一招式拆开单练，也可多式连续循环练习，在盘手时不可练成机械化，要默识揣摩，用心思内意去感受。喂劲的诀窍，只能口传心授，难以用文字表尽。

时下一般太极拳散手对练，分上手与下手，以固定招式配对，其缺点是容易练成机械化；常见上手还未出招，下手已摆好架势等待，或上手出招后，下手还愣在那边不知变化，糗态百出。此种练法只适于表演好看，真正遇敌还是先跑为妙。

正确的散手练习，要在推手有基础时再进行。先以单招定式练习，在定式中再求变化，这就叫练活拳，不是练死拳，死拳易练，活拳难学。依然要由老师喂招，要练到能以身体去听劲，去化劲，用手去黏随，手是辅助，身体能走化才是高着。要练至能以身体反击对手，"由着熟渐悟懂劲"，此之谓，然非用力（功）之久，不能豁然贯通。

我之前有一个学生叫阿宝，来台湾投靠外公，在这儿读小学，跟我学拳一年，我按照这些方法教他，他悟性好，也用功，很能体会推手的要领，参加推手比赛，不输于年龄比他大、体重比他重的，是一个典型的范例。

太极拳是一种艺术，也是一种武功，我们承传这种艺术文化，要把它发扬光大，这是我们的责任，不要让太极拳只是比手划脚的"体操"。教学也要有前卫的思考观念，不再墨守陈规、一成不变，这样，太极拳才能起死回生，不再是拳腿棉花，中看不中用。

第 33 章 拳法无定法

佛法有八万四千法门，是佛陀针对所有众生之不同根器而施设。有的众生适合修学人天善法，有的适合修学小乘声闻解脱之道，利根菩萨种性则教修唯识如来藏实相之学。同样一个法，对不同的众生，有不同的说法，有时说有，有时说无，有时说一，有时说异，然而其最终目标，无非让众生皆得同证菩提，悟无生法忍，而达于佛地。

武术之修炼也是一样，有的适合练内家，有的喜欢练外家；内家练错方向会变成外家，外家体会深了也能练入内家，这都是根基与悟性的问题。

笔者是练内家拳的，看人家练内家拳也看多了，真是五花八门，争奇斗艳，令人眼花缭乱。有的人喜欢多学，形意、八卦、太极都来，又是剑，又是刀、枪、棍、棒的，但是没有一样精，也不懂什么是根，什么是内劲，就当起老师来了。有的练外家的，几年下来，练出一身蛮力，自以为了得，不屑内家之柔劲，因为不明白。有练太极的，一开始就练一些某某捶、某某架之类的，因为没有从基本功练起，直接进入拳架，尚未练就内劲，就有发劲的打法，打起来外表还马马虎虎，可是真正用起来却一点也不实际。这里并非评论某些某捶或某些架子不好，而是说教学者不懂得教法，没有从基础教起。而且现在的学生喜欢速成，不想下苦功，然而，练内家拳是没有速成的。有的学生根本不想学功夫，只想这样玩弄耍弄罢了，你奈他何。

形意拳有明劲、暗劲、化劲的传统说法，初学一定先练明劲，明劲有成才练暗劲。但长久以来，笔者看到很多练形意明劲的，大多练成了蛮力，变成外家练法，以后要改拳可就难了。而且这些人根本无法能有练入暗劲的一天，因为一开始就练错了方向，一直练下去，只有离内家越远了，除非你愿意回头，但已浪费不少宝贵的时光。

笔者教形意拳十余年，对初学者，有的先教明劲，有的先教暗劲，是看学生的体型、悟力而有不同的教法。一般年轻气盛者，先教他打明劲，把脚的撑蹬力练出来；身材魁梧有力者，反教他只练松柔暗劲，因为怕他练成了蛮力。有的则看他的领悟力而有不同的教法。这就是法无定法。

有些学生刚学练三四个月，我就开始教他们推手，虽然下盘尚无根基，内劲犹未练出。为何如此？因为他们的领悟力好，从练习推手当中，可以使他们体会如何从脚跟使劲，以及不用手局部蛮力来使力的原理，这是可以相辅相成的，对于拳架及基本功的练习与体悟，是有帮助的，并非一定得等下盘有根、内劲练出始能为之。所以说法无定法。

某些招法可以这样用，也可变化为别的方式用，一式可以变化百种千种的用法，拳可以再生拳，招可以再变化招，无限的变化，这就叫作活用，不会活用，就是死功夫。你如果执着于某招，固定某种用法，拘泥于机械化，将被束于死胡同之中，所以说千拳归一路，一路变千拳。这是活用，也是无定法。

某生问："是劲断意不断，还是意断劲不断？"我曰："意断劲不断。"隔两天他狐疑地又问："行功新解明明写劲断意不断。"我说："劲断意不断。"那到底何者为是？何者为非？曰："都是。"为什么？"劲断意不断"意思是说你的劲虽暂时断了，停顿了，只要意念还在，仍可以像藕断丝连一般，断而复连，接续而为，这是行功心解正确的说法。

那么，我说"意断劲不断"，也没错。当你练到意劲绵绵不绝时，虽不用意，劲还是会源源流出，不会断停。所以形意明家才会说："有形有意都是假，技到无心始见奇。"能练至"拳无拳，意无意"时，功夫始谓到家。

所以我说"意断劲不断"有错吗？法无定法才是对的。我常说"尽信书不如无书"，也常说"尽信师不如无师"，因书是人写出来的，老师也是人来当的，都不是真正的觉悟者，只有佛才是正觉之人天师。

王宗岳《太极拳论》云："偏沉则随，双重则滞；每见数年纯功，不能运化者，率皆自为人制，双重之病未悟耳。"其中"双重则滞，双重之病"常为学人误解局限于脚之双重，我则主张"脚之双重非病"，为什么？因为王宗岳说"偏沉则随"，偏沉就是有走化，有虚实。而他所谓"双重则滞"的双重，非局限于双脚，而是泛指全身，全身有运化不开的地方，才谓之双重，因为一处有一处之虚实，处处总此一虚实。如果脑筋不能灵转，即是双重之病未悟耳，不能领悟双重之病到底是指什么。

所以说"法无定法"，有时这样讲，有时那样讲，读经看论，须明白全体大意，不能断章取义，不能依文解意。佛经说："依文解意，三世佛冤；离经一字，即同魔说。"读者不可不详辨焉！

又譬如：过去某师谓："尤须注意其根在脚，全身重量，只许放在一只脚上，主宰于腰，不独手与脚要随腰转动，自巅顶及踵与眼神，皆须随腰转动，故相传所谓练太极拳不动手，即是谓手足不能自动，唯腰为主。"此说是否正确，见仁见智，如果全身重量只许放在一只脚上，那如何灵活转换虚实；又手不能自动是正确的，但若说足也不能自动，则有待斟酌，详如第 28 章"太极拳不动'足'吗？"一文之论述。

此师又谓："所谓总此一虚实者，即其根在脚，将全身重量必须放在一只脚上，若两脚同时用力，便是双重，双重即如少林拳马步，此为太极拳最忌之大病也，切记，切记。"此师特别强调全身重量必须放在一只脚上，不可双重，而谓脚之双重是病，又再次强调必须将全身重量放在一只脚上。同时又批评双重即如少林拳马步，为太极拳最忌之大病。马步，也是一种桩法的练习，在太极中的起势，不是马步，不是双重吗？起势时，可以将全身重量放在一只脚上吗？能不双重吗？读者思之自明，不必赘述。

学功夫，最怕脑筋活转不过来，食古不化，僵固在文字词句当中，不能自我思维，自我主见，死在崇拜学术及崇师之情执里，跳脱不出。

第34章 发劲三要件

内家拳之发劲,必须具备三个条件,若无这三个条件,你在那边穷练、苦练发劲,练了一辈子,都将只是空壳子,只能练成一身蛮力,冀求真功夫,徒劳辛苦。

一、必须下盘有根

拳经云:"其根在脚,发于腿,主宰于腰,形于手指;由脚而腿而腰,总须完整一气。"这就是发劲的要领,"其根必须在脚",脚有根,才能借地之力,才能借力使力;脚若无根,下盘不稳,借不到地力,那么,使出的将是手的硬力,蛮力,只是手的局部之力,无法发挥"整劲",也就是未能"完整一气"。

那么,下盘之根如何练就?通过站桩、拳架及一些基本功(譬如内劲单练法等),来扎实稳固你的下盘。

站桩,以形意三才桩为主,前脚四分力,后脚六分力,前脚往后撑,后脚往前蹬,在前撑后蹬中,心里凝想,脚是站在一张报纸上,双脚掌欲将报纸撕裂一般,是用脚掌之内暗劲为之,非使蛮力。如此,久练则脚之气劲下沉,就可入地生根。站桩,每天必须站半个钟头才能达到功效，如果怕苦，就练不到实功夫，将只是妄想戏论而已。

拳架，练形意也好，练八卦也好，练太极也好，你必须把架子先低练，落胯松腰，气往下沉，动作越慢越好，气越长越好。要以双脚掌来使劲，带动拖曳你的身体，不要以手局部的力量做动作，如果以手去主动飞舞，那是空架子，练不出功夫来。走拳架每天必须练一个钟头以上才能达到功效，若怕苦懒散则枉费工夫。

基本功，就是单练，基本十式，看似简单，如能认真切实地练，定可成就功夫。在闲暇时、站立时、候车时，均可利用时间练习，积久成功。

二、必须练就内劲

内劲，乃是经由长期的锻炼站桩、拳架、基本功，以及正确的养气而累积沉潜在体内筋脉之中的一股无形的动能，它能随时经由意念的引导触动而同步爆破出令人惊心动魄的量能。内劲之爆发，纯是专气与意念而已，它不需距离加速度，却能快速而准确地击中目标，渗透人体之内里，达到技击的效果。

内劲的锻炼，藉由呼吸吐呐导引，以心行气，以气运身，通过站桩、拳架、基本功之练习，令气沉藏聚集在丹田处，储而备用。

再者，双手是技击最好的工具。发劲，最常藉用的就是双手两臂，所以必须将手臂之掤劲练就。

掤劲之练习，只需将两手臂轻轻提起，用意不用力，如捧物状，可藉由三才桩、浑元桩等桩法之练习或拳架单练基本功而成就。日常生活中，站着、坐着、躺着，只需将手臂微微作意（心中生起一个念头），其实也不必提起，只要有作意，气就到，劲就生，但是需长久而有恒地去累积，始克有成。

很多人练某派的太极拳，在拳架中就有发劲的招法，因为尚未练就内劲，其使劲的方法，全是手指尾部的局部蛮力，虽然练了三五年，拳架练起来好像蛮好看的，然而真正在技击时却一点也使不出劲来，只是好看而已，一点也不中用。

三、必须完整一气

完整一气，就是脚到手到，意到劲到，同步到达，简单说就是整劲的意思。拳经说："其根在脚，发于腿，主宰于腰，形于手指。"有些人误会，以为发劲是先由脚传导，经由腿，再由腰，最后再形于手指，误为一层一层往上传，中间变成有断续，造成断劲的情况。那么，这样在发劲时，因为脚使蛮力，而使身体往上往前伸展，造成塌膝、身体虚浮，发出去变成空劲、断劲。所以拳经此句的后半段所说"由脚而腿而腰，总须完整一气"就变成很重要了。总须完整一气，就是整劲，它是同步同时到达的，不是层层分段上传的断劲。

完整一气，要由丹田之气来掌控。丹田一作意，气、劲兵分两路，一路传到脚跟，如打地桩一般，将气、劲打入地底；一路传到手掌，以掤劲一贯而出。虽说兵分两路，却同步同时到达，一气爆破，此始谓之完整一气。

再说到借地之力。发劲并非全由脚来借地之力，譬如坐着或躺着，就不能由脚来借地之力，此时就得借臀部或背脊及其他的施力点来借力使力，这都只是杠杆与力学原理罢了！它只是在发劲时所产生的后座力所得到一个依靠而已。

真正的行家发劲，纯是一气爆发而已，只是一念闪过，子弹已同时射出。借地借物之力只是发劲时微略附带的点缀罢了，如果心里还有一丝一毫的借力念头，则在发劲时，都已是慢了半拍。

所以在此，就要与双脚行动不便的人来相勉。两脚行动不便，坐在椅子上或躺在床上，照样可以练内家拳，也一样可以练出内劲，有了内劲，一样可以发劲，成为一个有功夫的人。而且练内家拳，可以促进气血的流通，饱和内气，更有助于双腿的运行，建立信心，成为一个健康的勇者。

第35章　推手常见的通病

一、根未入地

涌泉无根，下盘不稳，发劲时没有借到地力。现在学拳的人，大部分急功近利，梦想速成，不肯好好下工夫。拳架犹无基础，下盘根基未立，看人家练推手，也参一脚，乱推一通。因为没有经过明师的正确指导，最后练成满身蛮力，然后也去参加推手比赛，有时运气好侥幸得了名次，就摆出一副不可一世的傲慢相，当然也会风光一时。但是随着年龄的老化，体力渐减，动作失灵，逐渐暗淡下去，最后终于在拳场消失无踪。这种情况是屡见不鲜的，至今亦然，以后也会有的，因为这是一种通病。

二、手无掤劲

掤劲，是经过长期的以心行气，以气运身，以意导气，令气腾然，而后敛入骨髓筋脉之内，聚集成一股无形的量能，这也是必须经过练习站桩、拳架、基本功等累积而成，非是三两天，三两月，三两年的时间可以致之的。如果没有练就这个掤劲，与人推手，都只是三脚猫，都只是空壳子而已，使出的也只是蛮力、局部力，没有办法发出整劲。因为，手无掤劲，则无弹簧劲，无支撑劲，在走化时无法将对方来力透过掤劲化入脚底；在发劲时，也无法透过脚跟接地之力直传至双手而将对手瞬间打出，这样，只能靠双手胡缠滥打，成为一只斗鸡、斗牛犬。

三、体外架设墙壁

斗力式的推手，总是把双手挡在胸前，自己堵设一道铜墙铁壁，怕敌人深入城内，不敢让人的两手触摸到自己身体，因为怕被打出；或者两手硬抓着对方的手臂，以为这样可以使对手无法发劲。但问题是，你抓住对手的双手，当要向对手发劲时，你的双手能不放开吗？在放开的刹那，不是等同告诉对手说我要发劲了，这就等于自己造就一个机会让给对手打。

所以，推手时尽量把身体让出来给对方，这样，你的身体才能听劲，练出灵敏的反应感觉，在实际对打搏击中，才能因身体的听劲而化解对手瞬间的打击。在搏击时，如果是以双手去搁架拦挡，都将已是慢了半拍，虽然有了招架，依然还是要被打百下。

四、腰胯没有落沉没有弹簧劲

胸部被按时，一般的通病就是上身往后仰，腰胯不能落。腰胯不落则气不沉，气不沉则根虚浮，那么任你如何用力抵挡，还是要被打出。

腰胯要落沉，先决条件就是双脚要有根，它们是相对的，而且是相辅相成的。能松腰落胯，才能气沉丹田，才能气贯涌泉，入地生根，才能走化对方汹涌的来力。所以说涌泉无根，腰就无主，腰没有主宰，就是没有丹田气，就是空壳子，就是绣花枕头，没有内里，没有实际，在真正搏击时，也不能发挥如苍龙抖甲般的腰的弹抖劲，也无法发出如迅雷不及掩耳般的疾速爆发力。故说，脚跟、腰的抖劲、手的掤劲及丹田之气是四合一，缺一不可，不可分，不可离，分了、离了，就非整劲矣！

五、好胜争面子是推手之大病

好胜争面子是一般人之通病，也是推手之大病。一般人，谁不争胜，谁不爱面子，谁无虚荣心；胜了，就产生优越感，我比别人好，我比别人强，慢心就生起了。在推手中，常人只有一个胜字，要胜过对方，要打败对方，但是须知，斗赢了，无非是斗胜的公鸡，斗败了，也无非是斗败的公鸡，胜败都是一副狼狈相，真的毫无所谓的优越感与虚荣感，更无面子可说。

在推手中为了争胜，当然就会使上蛮力，忘记松柔为何物，那么，即使你赢得一时，风光一时，但不能长久维持，因为人会老，体力会衰，不是恒久的，终将隐没。

所以，在推手时，要建立一个观念，做一个常败将军，当你一直败，一直败，败到后来，你的柔性出来了，你的韧性出来了，你的听劲也出来了，因为你不争胜，就不会使蛮力，才能走松柔的路线，才能迈向推手的成功之路。

第36章 内家拳为何不易成就

一般崇尚外力与速度的拳种，只要练个几年就会小有成就，就可以打，觉得较有实用性，也为一般年轻人所乐学，因为时间短，较易速成。但是，因为没有练气，无法生出内劲，而蛮力与速度是会衰退的，是不恒久的，年过四十就会逐渐走下坡，而且身体也会出现一些因使力过度而留下的后遗症等病变。

内家拳以练松、练柔、练气、练神、练灵为主，能使气血充盈，精神焕发，得到养生利益；而且可以练就内劲，增进气势与胆识，达到技击防卫效果，一举数得，也不会因年龄的增长而使功夫退减。

但是，内家拳需长期累积功力，非十年八载的，难以成就。所以只有意志力坚强，有恒心，有毅力者才能有所成就。

现在的人练拳，莫说十年八载的，你教他练个三五年，他就面有难色，不想再学下去。一般练武的学生就像浪潮，一波来一波去，能够安心老实练拳的寥寥可数。所以遇到初学者提到这个问题，我总会回答说：只要老老实实认认真真地练，一两年就会少有成就。我并没有骗他，也没有妄语，确实的，只要老老实实认认真真地练，一两年就会少有成就，从少有成就而累积大成就，这不是难事。

再者，练内家拳需要有慧力。经云："非有夙慧，不能悟也。"内家拳是练里面的东西，不在外面，如果光往外面的动作去探究琢磨，那只能学到表皮功夫，不能得到内涵骨髓。慧力不是指一般的聪明，聪明的人反而学不好内家拳，因为聪明的人会投机取巧，不肯按部就班，不肯老实认真，功夫反而不易成就。但是慧力悟力不好，也难达上乘，因为固执己见，不能心领神会，你说一，他就固执在一里，不会以一反三思维，不能融会贯通，所以功夫进境有限。

悟力的前提，是老实认真地练。能老实认真练，才会有悟境出现，悟境出现后更认真老实地练，功夫又更上了一层。如此一层一层地练，一层一层地悟，一层一层地累积，练后有悟，悟后再练，功夫不深也难。

相反，如果不老实认真地练，当然就不会有悟境出现，若是成天只在那边空想，空读拳论，空作学术研究，这就叫作口头上作工夫，徒浪费时间而已。

另外，想成就功夫必须一门深入。如果意志摇摆，见这好学这，见那好又学那，学东学西，到头来一事无成。笔者练拳三十余年，专攻形意，形意母拳五形打了三十余年，现在还是打五形。

别瞧五形容易简单，内涵却是至深。拳家讲，形意拳易学难精，这是真实语。真正想学功夫，形意拳五形就够你学一辈子。其实，那些外表的花招，学来容易，内里的东西则较难领悟。很多人学拳，花样繁多，刀剑棍棒扇样样会，但是样样不精，只能表演表演，或教教新学者，也俨然以老师自居，误导学人，比比皆是。这是武术界的悲哀，也是功夫的传承越来越衰弱与没落的症结原因。

第37章 明师何处觅

所谓明师，就是对武术内涵透彻理解，本身练就了武术的功体，成就了内劲，而且进入了化境。所谓化境，涵盖了化劲及阶及神明。化劲即是能走化敌人的正面攻击，阶及神明则是能随心所欲，有预感灵知，能自然化解突如其来瞬息万变的危机，而成就了全方位的武艺。这是指武术的技艺而言，亦即武功之体与用已经兼备了，这时候就可以称之为武术家了，但是还不能称为明师。

所谓师，就是老师、师傅、师父，能够教化学生，指导学生，有能力将武学承传下去。对武艺要懂得教学方法，有善巧方便，可使学生理解领悟武学道理，而成就武艺；不是只会比划比划，然后叫学生依样画葫芦地比划比划就算数，也不是将套路招式或兵器一套一套教下去就算数。

老师有三脚猫老师，有半桶师（台语）老师，有名不副实的"名师"，还有恶师。

三脚猫，缺一脚，跛脚，自己走路都有问题，就想指导人家走路，自己不学无术，却想得名闻利养，自己没实际功夫，东看看，西瞧瞧，略知一些皮毛，就当起老师来了。

半桶师，就是还没有"出师"，师父还没认可，功夫还没有学好，只学一半，或一两分，还是半吊子，就出来当老师，教学生，误导学人，骗取学费，沽名钓誉，想博取人家的尊敬与赞扬。

"名师"，很出名，但是没有底子，没有实际功夫，只会一些花拳绣腿，会去找比他出名的"名师"学习一下下，取为师承，然后大肆作广告，搞文宣，公关做得很好，会找人来捧他的场，不久他就出名了，俨然当起自以为的名师。

恶师，有的没有功夫，却会恶搞，诈骗学生；有的虽有一点功夫，却以金钱为重，得到多少钱才教多少功夫，学生如果不奉承他、阿谀他，就得不到他的欢心。恶师喜欢争胜、争利、争名，好斗及诽谤别的老师，自赞诽他，打击别人。

真正的明师，武功好，体用兼备，文武兼修，谦虚有礼，品德好，武德更佳，不重名，不重利，不会为金钱去讨好学生，不会怕学生流失而用心计，不会为出名而搞花样；对武术的传承及入室弟子的收录筛选却是非常严谨与慎重的，宁缺勿滥，宁可武艺失传，也不教恶逆徒弟。

明师不只是功夫好就行，还要会教。教，更是学问。有的老师功夫好，却不会教，没有方法及方便善巧，让学生容易明白、领会及悟入。只会教学生跟着打，随着练，只能练一些固定的招式，练成死功夫，变成只会打打套路，不能活用。

有的拳师学问不好，不懂得理论，对拳经、拳论也无涉猎，对于杠杆及力学原理也不通达，所以只能土法炼钢，教一些死招法，以致学生不容易有大成就。

明师没有写在脸上，你不可以以貌取人，如以貌取人，将失之交臂。有些明师，瘦骨嶙峋，或五短身材，或长得干干瘪瘪的，其貌不扬。明师，不一定身体魁梧、健壮，孔武有力，或道貌岸然，神情严肃，或目光炯炯有神，走路有风。真正的明师，真正有功夫的人，他是内敛的，沉藏的，静默的，谦恭而慈悲的。而且真正有功夫的人，他会

第 37 章　明师何处觅

走修行的路，修行有助于功夫更精进，相辅相成，到达高峰。

内家拳明师孙禄堂先生，身材瘦小，却是一代宗师。他在形意拳与八卦掌大成之后，与当时太极名人郝为真相遇时就交过手，郝为真不敌，但孙禄堂为了将形意八卦太极融合为一家，还是谦恭地向郝为真学习太极，终于大成，与人交手，从未败过。

孙禄堂在内家拳武艺大成后，更加谦卑，不与人争，晚年学佛修行，往生时，预知时至，含笑而逝。是后代人所崇敬的明师及名家。

想要遇到明师，也得靠机缘，福报不够，纵遇明师，也会失之交臂。

遇到明师，不知惜缘，不知尊师重道，不知谦恭，亦终将失去明师。

遇到明师，不知宝贝，不听老师语，不肯好好努力老实认真地修炼，等到老师离开了，后悔莫及矣！

我的师伯黄先生，他是我心中的明师，但却不出名，在拳界他算不出名的，但他的功夫好，能帮你喂劲，让你体会走化及发劲的要领。我的内家拳能有一些进境，大部分是从黄师伯这边学到的。可是我那些师兄弟及当时师伯的一些学生，却不知是宝，不晓得接近他，这么好的功夫，所传却是有限的，真是令人婉惜。如今师伯已往生，真是令人怀念与唏嘘。

第38章　武术与实战

武术，除了外形拳架套路之外，还涵盖技击攻防技巧，也就是实战。

拳架套路是武术的初基，当然还包括桩法与一些基本功的练习。武术包涵体与用，体用兼备，才称之为武术，它最终的目标是在防卫与战斗。而在武术的修炼当中，已然涵盖了健康与养生在内及更超然的一些修为，如武德、修行等。

体，就是功体，包括内劲的养成，下盘重心的稳固，步法、身法移动闪挪的轻灵敏捷及内气的凝聚等。

用，就是实际过招，也就是真打实战，包括推手、散打、摔角、擒拿等能够克敌制胜的种种武技在内。

现在的中国功夫，包括台湾在内，大部分局限于外形之美，较少讲求实战，武术比赛也大部分局限于拳架套路的演练，在散打的比赛方面就像街头的流氓干架一般缠打蛮斗，看不出真正的功夫，去观赏的人不禁要摇头疑问，这就是中国功夫吗？而事实上，中国功夫目前的实际状况就是如此，只能遗憾与叹息罢了！

我们试观西洋武术，都是讲求实战功夫的，哪儿像中国功夫有拳架套路的比赛。那么这些崇尚拳架套路的人，他们会冠冕堂皇地说："练武术只求健身强身就好，不必好强好斗。"他们常常拿出张三丰祖师遗论"欲天下豪杰延年益寿，不徒作技艺之末也"这句话作为反对实战的理由。

实则观念知见是有偏差的，武术本身除了健身强身之外，还涵盖技击防身御敌的高度艺术，否则就不必称为武术，就称为健身术好了，而健身术太多了，何必选择武术，岂不矛盾。

笔者 2008 年参加美国新唐人电视台举办的第一届全球华人武术大赛，原来的目的只是想去开开眼界，看看现今华人武术的进展与现况，作为自己习武的借鉴与参考。此次参赛人员三百余，外家占四分之三，内家四分之一。笔者是参加内家，在兵器类组侥幸得到第三名。名次并非我们谈论的重点，而是笔者与那些第一、第二名的选手在私底下切磋谈论中，了解到他们都只会打拳架，有的稍微涉猎一些推手，至于实战方面则都是摇头的，这就是我们华人的武术大赛。

有一位赛员在台湾开了两家武道馆，也只是打拳架而已，这是目前台湾武术界常见的现况，也就是说武术已走向健身、体操及偏向美感之艺术趋向，那么要谈实战防身当然就较为不可能了。

在这种情况下，那些真正想学一些能自卫防身功夫的人，当然只好弃中国功夫，去学较易速成的西洋武术。

那么，这些西洋武术好不好，它是现成实用的东西，学个几年，就可以致用。而中国的内家拳，非得练个十年八载的，才能真正练就内劲功体而致用，而且非有慧力、悟力，也不容易学得。而中国一般的拳术又只偏向练外形，在真正实战时就更难与西洋武术论战了。但是不论中国的内、外家拳，真正有实战功夫的人也还是有的，只是他们都不求名而已。

西洋拳击，注重速度与重力及步法，它们的招式很简单，直拳、钩拳、上击，速度要求一分钟要打百下以上，加上重力练习、耐力练习，其余就是实战,每天打每天练,半年、一年就能打了。

跆拳,着重于脚踢,也练击破,练个两年,也可以自由对练,进入实战。

泰国人练习泰拳,从十几岁开始练习,在那边有些本地人想学一技之长而能谋生,并不是很容易,所以有些小孩从十几岁就让他们学泰拳,成绩好也能成为谋生之计,成为职业拳手。他们练体,是苦练法,全身上下皆须经过痛苦的磨练,借物打击,至身体能承受重力击打为止。尤其小腿要能踢,踢到皮肉骨头像铁一般硬,打不痛,然后进入实战,一天要练八个小时以上,这样练出来,不会实战也难。

中国功夫虽也有类似的苦练法,但是没有那么不要命,而且在实战练习当中又怕被伤害,所以皆只点到为止,与实际搏击还有一段相当大的距离。在这种情况下要与泰拳对抗,结果是可以预知的。

中国人练功夫,大部分是兴趣使然,有的是追求流行,赶时髦,不会像职业性的那么拼命。

中国内家拳,三四十岁功夫大成而至七八十岁不退者大有人在,他们功夫大成后反而更加内敛,不好斗,把功夫当作修行的一个法门,所以堪称为武术家。外国这些武士,只能称作格斗士,武德、修行对他们来说是一个陌生的名词。你看那些拳击手,哪一个不是一副耀武扬威、不屑对手、不可一世的嘴脸,即使是百战百胜的武者,只能称作格斗士而已,不能称为武术家。而且中国内家拳之修炼,不必对身体作痛苦的锻炼,也不必打沙包,反而与这些土法炼钢术背道而驰,是走松与柔的路线,纯练内气,让一气流行,让内劲慢慢滋长累积,是循序渐进的,积成之后不易退失。内家拳是轻松地练,对养生是正面的,内家拳修行者很多是长寿的,活个七八十岁,甚至百来岁不成问题。

功夫的成就,短期而言,适合练外家,短期可以实战。长远之计,要练内家，练气，练内劲，是不会受伤害而且利于健身的功夫，智者当然会有所抉择，不会急功近利，贪求眼前。

如果想练就好功夫、真实功夫，去觅寻一个明师，老实地练，才有所成。如果全在纸上论文章，说功夫，是不会有进境的。

第39章　形意之劲

形意拳名言："起如箭，落如风，追风赶月不放松。""起如风，落如箭，打倒还嫌慢。""起无形，落无踪，起意好似卷地风。""打人如走路，硬打硬进无遮拦。""看人如嵩草，起落如箭钻。"

这些名言，都是形容形意拳在发劲时的目中无人，形容形意拳在发劲时的排山倒海，形容形意拳在发劲时的石破天惊，形容形意拳在发劲时的迅雷不及掩耳。

风之疾速，人无可比拟；月亮在头前，你怎么赶，也无法追上超前，要超越风，赶过月，必须有超人的能力。这是比喻形意拳发劲的快速，就像追风赶月一般，所以对手是无法遮拦的，即使有遮拦，也照样会被打出的。

要具备这样的劲道，除了手的内劲之外，还得有脚的撑蹬劲。形意拳的练法，都是直来直往的，一直往前进。前进，当然得靠脚的。形意拳经云："脚打踩意不落空，消息全凭后脚蹬。""脚打踩意"，指前足落地时，足跟先着地，然后全足掌着地，如同往前往下按物一般，整个脚掌落地时，如吸盘吸入地里。"全凭后脚蹬"，不是用跳的，不是跳过水沟，跨过水沟，而是如欲将大地踩沉往后推移，借往后推移踩沉之劲向前蹬出。不是用死力、蛮力、拙力，而是用弹力、巧力、劲力而为之。在练明劲时，蹬出可以有声，练暗劲时，蹬出则无声息。蹬出，不是只有劲力，还包含无形的"气沉"在内。而且，脚的蹬劲，还得靠站桩才行，要站到根能入地，与地能够相应、相密、相契、相合，否则都只是练到虚浮的脚力而已，徒走空拳，无济于事。

拳家云："练拳不练功，到老一场空。"如果懒得练站桩及基本功，将是事倍功半，或是徒劳无功，都只是练好看的而已，练心酸的而已。那么，脚跟之与地表相密应，相契合，这也是一种巧劲，也是自己与大地的一种默契，这得靠明师口传心授，加上自己慧力的领悟，否则练错方法，将成蛮力硬劲而已。再说，前脚离地往前踩时，后脚必须同时向前补位，而且要轻灵不笨滞，不顽呆，这样移步补位，才能疾速，才能追风赶月，才能如风如箭，才能好似卷地风，才能打人无遮拦。

再说身手方面。腰胯、脊背、两肩、两肘、两腕、两掌，要有拧、转、漩、钻、裹、挣之暗劲，有互相拉扯、对抗，营造一股自我的阻力，与自己相抗争，与自己做一个拉锯战，一来一往，一前一后，一左一右，一上一下，一内一外，皆是如此，这就叫作二挣力，叫作陆地游泳、陆地行舟，叫作捕风捉影，把空气当成一个实物，把空气当成一个阻力，如在水中游泳、划舟一般。水是有实性的物体，划动它，是有一股阻力存在的，空气虽无形无色，只是我们肉眼看不见而已，其实它也是有实性的物质。你就用自己的身手肢体去感觉它，去感应它，练久了就会感觉它的存在，然后去感觉它的阻力，以很慢的动作去感应，有了感应，就会有气感产生。要把这股气感好好把握住，好好抓着，这样，内气就能与外气相磨荡，久了内劲自然累生，功夫渐渐积成。

拧，就像拧毛巾，须用内暗劲去拧，水才拧得干。拧腰，要像拧毛巾一样，腰的弹力才能练出来，如果再加上脚掌入地之根力，就能成就苍龙抖甲的弹抖劲功夫。转，好像锁转螺丝，将要锁紧时，得控制力道，才不会松弛或过紧。漩，像漩涡，有回旋、涡引之态。钻，如钻头，往内一直钻进去，有螺旋，越钻越旋，越旋越深越紧越密。裹，就是打包裹，有含蓄、含藏、不放逸之意，有蓄势待发之态，有束身之意。以前的人没有皮箱，打包裹都是用一条正方形的丝巾打包，将对角相互交叉拉紧就形成一个包裹。如裹物之不露，亦即力不外露之意。在打包裹的时候，也只能用暗劲，才能打包妥善。用绳索绑结裹物，也都是用暗劲的。挣，有挣扎、挣脱、挣取之意，譬如，二挣力，左右互挣，上下互挣等。脚也有二挣力，即前撑后蹬，或左蹬右撑等。

打形意拳时，全身上下皆充满上述的拧、转、漩、钻、裹、挣之暗劲，及二挣力、拉锯力、阻力，是暗潮汹涌的，一波接一波，而且必须一体成形，不能有断续、凹凸、缺陷，要绵绵贯串。外面的动作如此，里面的内气也须相合而完整一气，形成一个整劲。所以，形意拳招式虽简单，却有极丰富的内涵，是易学而难精的，是越学而越觉得它是极深奥的，是学之不尽，永不见底的，可见其功夫之深沉。有学生说："我学形意拳似乎没有进境，感觉好像退步了。"其实这是在悄悄进步当中，只是在他自己的直觉上，没有感觉到有进步，感觉没有进步就好像退步了，因为进步是慢慢累积的，日进一纸，当然无所觉，等待一两年后，已经是厚厚的一叠了。

形意拳，蕴藏着无穷的宝藏，取之不尽，学之无涯，穷毕生之力，也无法学透，因为功夫无止境。而拳中之玄妙，也是难以用笔墨形容的，只有亲历其境，深入体验才能知之。

有些人学形意，五形母拳十天就学完了，十二形三周学毕，然后套路、拐杖、长棍、剑，不需一年，通通学完，就以为功课完毕，学业完成，殊不知离目标还相差十万八千里，以为这样搞一搞，就是学武术、练功夫了。武学渊源岂是如此肤浅？岂是如此容易成就？就如个人对形意拳的劲，以个人之亲身体验所得，如是而论述，读之者，也不一定能全然明白，除非你有慧根，或者你已然曾经下苦功练过，经此一点，而豁然开朗；否则，看过之后，也只是一个知见而已，没有亲身去实践体验，是不能获益的，也是于事无补的。

我现在的教学方法，就是循着这种先打基础的方式，每天练的就是站桩、基本功及五形拳，有的学生怕吃苦或不耐烦，我也去者不留。能与我的观念相契的，就能够留下来，继续练下去，当然我也预计他们一定会有所成就的，如有一两位传承者，心愿了矣，不必求多。

第40章　形意十年功

形意十年而大成，有俗史记载。

李洛能先生：拜戴龙邦门下，时年三十七，自受教后，昼夜练习，两年之久，所学者只是劈拳及半趟连环拳而已。后戴龙邦之母见洛能先生忠诚朴实，面谕龙邦尽其所得而授之。洛能先生精心练习，至四十七岁，学乃大成，人称神拳李。

郭云深先生：年幼好武，然习之多年无所得，后遇李洛能先生，拜为门下，朝夕练习，历十数年，功夫大成。后因路见不平伤人而入牢。在牢中亦勤练不辍，牢窄只能练半步而已，至出狱，其半步崩拳打遍天下无敌手。

刘奇兰先生：拜李洛能先生为师，学形意拳十余年，功夫大成，著有《形意拳抉微》一书留世。

李镜斋先生：性好拳术，六十三岁拜李洛能先生为师，至七十余岁，功夫大成。

李存义先生：轻财好义，幼年习长短拳，后拜刘奇兰先生为师，学形意拳数十年，功夫大成，尤善单刀，有"单刀李"之称。

还有宋世荣、车毅斋、张树德、田静杰、耿诚信、许占鳌等形意拳名人，都是日夜练习，苦心造诣，十年有成的。

古人练拳，都是日夜苦练，恒而不断，功夫乃有所成。今人习拳，一日能练个一两小时已算难能可贵，有些人是三天打鱼，两天晒网，莫说十年，到了猴年马月功夫也难有成就。试观李洛能先生，三十七才开始练形意拳，两年之中，才练五形之一的劈拳及半趟连环拳而已，不会要求老师多教。李镜斋先生六十三岁才拜师学艺，七十余岁才大成。

现在的人，莫说两年，两个月你如果只教他打劈拳，就要走人了，现在师父真是难为啊！所以急于速成者，只能另择一些拳种。

形意拳没有速成，绝对没有，你只能循序渐进，经久不辍，有恒心，有超人的毅力、坚忍不拔的意志力，磨练个十年八载，才能大成。如果你能认真不断地、用心地去练，两三年也会有小成就的。

若是听人说形意拳十年始成，脚就软一半，失去信心，那也是无可奈何的。俗话说，吃得苦中苦，方为人上人。而人上人毕竟是少数的，那你是要当拳中之人上人，还是当个武术的凡夫，只有你自己能决定了。

第41章 入海算沙徒自困

学武术练功夫，有百样人，形形色色，各自不同。

有人纯粹为了健身而学武术，他的目的只为身体健康就好，其他就没兴趣，也不想了解武术更深层的道理及作用。如果你跟他谈功夫，谈技击，谈御敌防身之类的，他是不屑一谈的，他常常拿出张三丰祖师遗论"欲天下豪杰延年益寿，不徒作技艺之末也"这句话驳斥你。然而，如果对武术之道没有更深入理解，于健身也只能得到肤浅的层次，作用不大，只能获得局部肢体运动的效益而已，那与别种肢体运动实质上并无多大差别。

有些人是为了流行、赶时髦去学功夫。譬如看了功夫影片、动作影片，觉得有功夫蛮不错的，可以英雄救美，或济弱扶贫之类的，好威风，于是一时兴起，练起功夫来。但是没多久，觉得练功夫好累，好辛苦，很难一时有成就，没几天就放弃了。

有的人因为被人欺负、吃亏，心里难平，想学功夫报仇，但是不肯下苦功，终究一事无成，只得成为一个弱者，永远被人欺负。

有人对武术有兴趣，但是不肯去觅寻明师，好好跟定，认真修学，总是东看看，西瞧瞧，或买些武术书籍、光盘，按图索骥，或从网络信息上觅寻功夫，这些都是纸上谈兵，于事无补，徒耗光阴而已。

有些人确实是想学功夫，但是没有超拔的意志力，总是懒懒散散的，学一天休两天，上课总是迟到。从老师这边学完，回去也不愿拨出时间练习，有空练习时也是敷衍几下了事，然后觉得学那么久都没进步，自己懊恼。

有些人跟老师学一阵子，怀疑老师没什么，或认为所学拳种不好，或听人说某老师功夫了得，或某拳种不错，内心犹疑蠢动，安不下心来。

也有人跟了好多位老师学，今天学这，明天学那，心不专一，以为学多就是好的。须知，贪多嚼不烂，细嚼慢咽才能得到营养。

天下没有白吃的午餐，也没有不劳而获的好事，一分耕耘一分收获。圣经说，你得流血流汗，才得温饱。学武术也是一样，流一滴汗，累积一分功夫，要日以继夜地勤求，才能日积月累蓄成片片功夫。

学武术练功夫，贵在一门深入，认真老实。聪明人老爱投机取巧，而武术不是这样可以成就的。你得老实认真，透过老实认真，才能有悟境出现，然后愈练愈深，功夫成就，否则，入海数沙，徒费"工夫"而已！

第42章　松的真义

内家拳是讲求松的，尤其是太极拳。

这是一般人所不能理解的，更是那些外国武术所不能知之的。一般武术总认为技击是离不开"力"的，就一直偏向"力"的追求，所以都是需要借重一些外物以及击破的练习，或者苦练皮肉筋骨，使其坚硬如铁，比如铁砂掌及某些拳种的敲骨打筋及药洗等练习。

须知，这些土法炼钢术，只能一时短暂成就，不能永久保持功夫，随着年龄的老化及身体的衰微而退失，而且会留下无穷的身体病痛和后遗症，所以智者不取。

有智慧的人知道往松柔的路线追寻，向练气的方向去探索，所以中国武术的发展，就有所谓的内家拳之蜕生，如太极拳、形意拳、八卦掌等。

尤其太极拳更强调"用意不用力"，杨家太极更是强调"松"。形意拳的前辈虽没有特别强调"松"字，但也主张不着一丝"拙力"，笔者认为这是比较贴切而符合实际的。

杨家太极以及延伸至台湾的郑子太极拳，特别着重于"松"。所以"要松，要松，要松"及"不松就是挨打的架子"，这两句口头禅就变成他们的标签名言。

内家拳讲求松柔是正确的，但是如果刻意过度地在松字上着墨，或

第42章 松的真义

误解了松的真正涵义，将会流入体操式的太极拳，只是外表拳架姿势优美而已！形意拳与八卦掌如若也流入体操式的话，那真可谓四不像，贻笑方家了。

松柔的目的，是让神经舒放，使肌肉筋骨扩展而不疲劳，使气血顺畅而不滞碍。身心舒松静定后，加上神意的驱动与导引，能使气血腾然，腾然后敛入骨髓，日积月累，形成"内劲"，蓄而备用。故谓松柔是产生内劲的必要途径，内劲才是武术的真正内涵。

然而，松，被大部分的人误解了，尤其是练太极拳的，以为松，是不着一丝力，像泄气的皮球，软趴趴的。以为松，就像柔软体操一样，脚能抬得高高的，能弯腰至地，劈腿成直线，而自诩为高手。这些人只能说他的柔软度好，不得谓太极拳高手。

真正的高手，真正的松，不仅是肢体美而已，还涵盖意气的流露，内劲的荡动，下根的盘踞如山，腰、腿、腕、掌的拧、缠、扭、弹等，说之不尽。

松，不是松懈、松散，不着一点力。松，只是不着"拙力"。拙，是笨劣的意思，是顽固不冥的，是蛮横呆滞的，是阻碍不畅的。使了"拙力"，气则结滞，劲则不生。松懈、松散，气亦不畅，劲亦不生。

"不着拙力"，不是完全不用力，如果不用力，手提得起来吗？脚踏得出去吗？腰能动转吗？所以还是得用力。然而"用力"只是让身体手脚发生动转的机制而已，它不是练"劲"的"法"。力，只是让肢体启动；气，才能令内劲潜沉。

松，只是外表看来似松，而内里则是摧筋拉骨的，是涵盖二挣力的抗衡的，是气的驱动、意的导航、神的凝思，是无限密集的内在滚荡，所以松柔其实是生机勃勃的，是气机盎然的，非死气沉沉、要死不活的。

如果不会运气,只是身体松软,那是成就不了功夫的。读者宜认真思维、体悟,如果悟错了方法,在矛盾中找不着结头,更会陷入迷雾之中,永远到不了目标。

第 43 章　内家拳的慢与快

内家拳一般的练法，都是以慢练为主，讲求松柔，不用蛮力，太极拳即是。太极拳，也有快慢相间的练法，如陈式太极拳。有些人喜欢标新立异，自创所谓的快太极，使太极拳变成混乱现象。

形意拳一般初练是打明劲，动作明快开展；到达暗劲阶段，也以松柔为宗，不尚拙力；打套路时，则是刚柔并济，快慢相辅。

八卦掌讲求轻灵沉稳，转掌拧腰折迭处使用暗劲，要蓄劲，所以要慢；在摆扣移形换步及俯冲时，如老鹰猎食，快速飞降。

内家拳名家常说："慢要比人家更慢，快要比人家更快。"又说，"练时慢，用时快。"

"慢要比人家更慢"，是指练法。在行功打拳架时宜慢，因为慢才能行气运身，才能导气敛入骨髓，聚成内劲。所以内劲尚未凝聚之前，是不宜练发劲及使快的动作。如果太极拳初练时，就有快速发劲的练法，是不能成就功夫的，虽然外形上看似有劲，实则是不具威力的。有位拳友练某派太极拳，打拳架就常有发劲的动作，练了七八年，去参加拳架套路比赛拿过金牌、银牌，但在实际应用发劲时，却是使不上劲的，这些情形比比皆是。故行家主张，在内劲尚未成就之前，不宜打有发劲的拳架，而且发劲及快速的动作，是较耗气力的，偶而练习尚可，时常为之，于养身而言是不宜的。

"快要比人家更快"，是指用法，是指发劲。当内劲成就时，要快就可以比人家更快，所谓后发先到是也。为何能如此？因为发劲是内气的作用，是意念的驱使，意念一动，劲已然到达定位，像子弹的击发爆破一般，是迅雷不及掩耳的，所以能比人家更快。

内家拳要求"练时慢"，要以心行气，以气运身，气要慢、要长、要深、要细、要匀，要滚荡、要导引、要沉着，外形身手腰胯要拧钻，要缠转、要折迭，要如拉弓、如抽丝，绵绵深细。这样练功行深时，内劲则日渐凝聚内敛。

内劲成就了，当然可以"用时快"，在此不必赘述。

一般人看到练太极拳及练形意暗劲那么慢，总是摇头的，眼睛会长在头上，不屑一顾。年轻人则是崇尚外形、外力以及快感的，不想亲近内家拳。

内家行家总是寂寞的，难遇知音，内家真功夫的承传，也因此逐渐没落。

百万士兵一将军，要做将军比较困难，所以凡夫总是多数。

经云："非有宿慧，不能悟也。"没有宿慧，不得缘遇内家拳。

没有智慧，也不能成就内家拳。

第44章 寂寞的内家拳

形意、八卦、太极,一般武术家把它们概括归类为内家拳。表面上看起来内家拳好像很兴盛的模样,尤其是太极拳,每个运动角落几乎都有人在打,有人在教。

然而,内涵极深极广的内家拳武术,已然流为凡俗的健康运动,尤其是太极拳,多数人都把它视为健身操,甚至把太极拳贬抑为做事推拖不负责任的代名词,这是何等的悲哀与无奈,武术家不禁要仰天长叹了。

太极拳祖师张三丰创造太极拳,原始的意涵除了养身延寿外,还涵盖着武术的技击防卫在内,从太极拳经、拳论中可以窥探它在技击上的高深意义与防卫作用,太极拳岂仅止于养身健康而已。

现代的太极拳修练者,最多只达到推手阶段,即谓功法已成,就出来开班授徒,有的连推手都不会,也来当老师,打得不像拳也不像体操,既达不到健康的效果,也达不到技击的作用,真可谓四不像,看在方家眼里,除了摇头还是摇头。

有一位学生在公园练形意拳,一位自谓台北来的太极拳师过来与他聊了起来,太极、形意、八卦他都懂,拳理讲得头头是道。学生请他指导一下推手,他说时候不早,明日再来,学生隔天再去,不见人影。这是拳界中之常事,屡见不鲜,不足为怪。

真正有料的内家拳武者并不多见，他们不是名师，不出名，因为不会搞宣传，所以不出名。名，对他们来说也不重要，也不需靠教拳讨生活。所以，教拳不会很刻意去招募学生，有机缘的他才教，无缘则不强求。对于懒散不认真的学生，他不想教，对于悟力浅陋者，教了亦难达上乘。所以，内家拳的传承，是非常不容易的。

经云："非有宿慧，不能悟也。"练内家拳，得靠智慧，而有宿慧者，是可遇不可求的。智慧不是聪明，聪明人爱投机取巧，不肯老实用功，所以练不得内家拳。鲁直的人也练不得内家拳，因为悟力不好，难得入门。那么，要找一个悟力好又肯认真及能信受老师的人，就成为凤毛麟角，难可遇求。在难遇难寻当中，内家拳武者让人看起来就会有孤寂的感觉，因为知音难得。

真正有内家功夫的人，他也不爱现，不会到处去踢馆，去找人比试。加上不爱搞噱头文宣广告之类的，所以他不会出名，他也不想出名，怕带来无穷的麻烦。

一位拳友去找曾得过推手冠军的老师练推手，老师为了表现功力，把学生推倒在地，受了轻伤。功夫不必用这种方式表达，学生认不认知都无所谓，你认为是好就来跟学，不识货则是无缘。

随缘而不强求，内家拳武者有自己的风骨，不必去拉拢学生，去招揽学生，不会顾忌没有学生眷顾，外在虽是寂寞孤单难遇知音，内心却随缘自在无所牵挂。

万人皆醉我独醒，千山万水任我行，不亦乐乎！

第 45 章　听劲与发劲

　　一般学武术的人，大都知道发劲是什么，但真正会发劲的人并不多，甚至把发劲当作是一种力量配合肢体动作与速度结合的一股连贯性的作用而已。

　　至于听劲，练内家拳的人认识较深，尤其是太极拳，因为有推手的关系。

　　所谓听劲，并非用耳朵去听，而是用身体肌肤及神经触感，去感觉对手攻击来力的大小、方向及来龙去脉，以粘连黏随等方法掌控对方使力的意图，而掌握先机，克敌制胜。

　　不会听劲，在推手时就会以力取胜，以蛮力压制对方，故常有顶抗、搂抱、缠打等斗牛的现象发生，就像现在一般的太极推手比赛所常见的，也是被人所垢病与批评的。此种比赛所产生的冠军选手，不一定每个人都有真实功夫，在技击搏斗时，也无法以发劲的方式来进行搏击，因为还没有真正练出内劲的关系。

　　听劲是一种神经感觉的反应，其实是每个人都天生具备赋有的，只是有灵敏与迟钝的差别。透过训练可以将潜能开发出来，但是要经过明师的口传心授与亲手喂劲。

　　喂劲，是一种极高度的技法，少有人懂，一般老师只能教一些粗鲁的招法，让学生去练，不免流于斗力的方向。这样的教法，对于内劲的培养与锻炼是会造成负面效果的，所以修学者想要在内家拳有所突破与成就，是有相当程度的困难。

喂劲，并不是指老师有内劲，然后把本身之内劲传达灌输给学生，不是这样的，如果依文解义，那就相差十万八千里了。内劲只能靠自己去培养锻炼，储存聚集，先练就了本身内劲之体，老师才能藉由一些动作、势法、机制，把你已练就潜在的内劲开发引导出来，让你会用、会使，慢慢知道如何走化，如何发制于人，如何以静制动，如何抢先机，如何应用虚实，如何引敌入彀，如何欲擒故纵，如何放空城计，里面有很多技巧，岂是那些胡搅蛮斗的老师所能理解的。

至于发劲，先决条件就是你已把你的"体"练就了，所谓"体"，包含下盘根力的入地生根、手的掤劲及丹田的完整一气等。发劲时，脚不能往上提升，往上升则根虚浮，发出的劲变成虚无飘渺，不能扎实。脚掌在发劲时，好比打地桩般，借那股震地的反弹力及丹田之气刹那爆发，借手之掤劲将爆破力直达目标，那是瞬息而达的，没有犹豫、思考，只是一个作意，内劲已随意念奔放而出。

听劲与发劲虽是两种不同的技法，却有关联性。你虽练就了内劲，也知道发劲的要领，但你的劲发到对手身上是否能命中，是否能发生制敌的效果，就牵涉到很多的技巧，如时机的掌握、身势的控制、能不能得机得势，这些就得靠你的听劲感觉反应等多方面的配合，才能得心应手。听劲好，但是没有扎实的内劲，发劲变成空包弹，起不了作用；内劲好，但是听劲差，就像拥有满仓库的弹药，被锁着，不能拿出来用，或者胡乱扫射，不能命中目标。

内劲是体，听劲是用，体用兼备，才是好功夫。

第 46 章　桩功不是最差的功法

拳友说："练桩功是为了肌耐力及磨练心志，许多门派都有练桩功，那都是给初学者入门的功夫，虽然有不少高手也练桩功，其实那是效率最差的练功法，个人如此不重视桩功，原因是练桩功是很容易退功的，也就是说一阵子没练了就没用了。

"再一个原因是，练桩功对于闪展腾挪有负面的影响，换句话说，是站得稳，闪得慢。"

辨正如下：练站桩是练心志，没错，心志不坚，练武不能有成就。但是桩功不是为了肌耐力，也不是死练脚力，而是引气进入脚底涌泉，使脚根沉稳，入地生根。脚有根，在发劲时，有借地力的作用，使发出之劲道更强烈，更有制敌之效。下盘若无根，发劲变成使蛮力、局部力，效果不大。

许多门派都有练桩功，因为这是武术的基础，而且桩功也不仅是给初学者练的功法，很多功夫有高成就者，他们依然还在练站桩，例如形意拳大师王芗斋先生，在功夫大成之后，仍然站桩不辍。只有武术的外行不重视桩功，不屑站桩，因为他们是武术的门外汉。

桩功练成了，不会退失，而且根越练越深沉，不会说一阵子没练就退功的，就没用了的。桩功对于闪展腾挪没有负面的影响，却有正面的效益，根底练稳了，闪展腾挪会更加轻灵而且沉稳，因为底盘稳固的关系，抓地及借地的势力更佳，在闪展腾挪时更加疾速。

拳友说："练打坐比桩功练到的功多得多，桩功最适合的对象应该是体质很弱的人。"

辨正如下： 打坐是修禅定的功夫，当然也可以调气健身，但若说打坐比桩功练到的功多得多，这是错误的，以打坐而能练出武术的功的人并不多见。又，桩功练习的对象，不仅止于体质很弱的人，体质强壮的人练起来效果更好。

拳友说："现代武术除了养生，所能表现的就是比赛，而各类武术以综合性武术搏击散打最能表现功力，身为教练的人如果手下有柔道、拳击、跆拳、空手道、国术等选手要参加比赛，这教练会让选手加练泰拳还是练站桩？"

辨正如下： 站桩，前已言之，它不仅是扎根的基础，也是增加功力的方法。但是武术的最终目标虽然在于搏击，但搏击是全方位的，除了功力好之外，当然得配合其他的功法，如化打、腾挪、虚实变换等。这位拳友将泰拳搏击和站桩功法讹混作为比喻，是故意牵引误导读者思维的方向，也是自视所练武功为至上而一味鄙视站桩功法的人，因为自己本身没有投入站桩功的练习，也不明白站桩功法的内涵，才会引生如是的傲慢，而一味地抹杀桩功的益处。

拳友说："练武讲求：其根在脚，主宰于腰，形之于手，这是指发劲的要领，这是讲施力的方式，是动态的。站桩是静态的，如果不懂发劲，举一例你就能体会，你用双手蹲下端起一盆水，然后泼出去，仔细体会这一动作，是否就是脚先用力，再是腿，延伸到腰，手最后顺势一泼，如果是空手的话，很可能你就是手先出而脚后动了，桩对于动态施力效果不大。"

辨正如下： 站桩并非全是静态的，它是静中有动，外静而内动，里面有气的鼓荡、气的导引，是以心行气、以气运身的，将气敛入骨，聚集成无形的内劲，这岂是此辈所能理解的。站桩，不是木头人呆站在那边，它的内涵极深极广，鄙视桩法，将成方家所贻笑的对象。

这位拳友既知太极拳经所云之"其根在脚，主宰于腰，形之于手"，也半知这是指发劲的要领，在这当中第一句话"其根在脚"即在诠释桩法的重要。如果脚无根，如何发劲？如何"形之于手"？站桩外表虽是静态，它是一个练功的功法，它也是发劲必备的条件之一。它虽是静态，却能产生动态的功能。所以在动态的发劲当中，你无法抹杀站桩所发挥的功用。如果说桩对于动态施力效果不大，那是井蛙之见。

拳友说："现代国术与搏击相比，有没落的现象，国术选手总有缺点什么似的，其实这是练武方式没有进步。就以太极拳来讲，有多少师父教出的学生可以参加散打搏击，没学过泰拳等其他武术敢去打吗？泰拳就是练打，练实战，没有套路，没有站桩，这就是最实用的。"

辨正如下：这位拳友如是批判国术与搏击相较呈现没落的现象，批判练太极拳是不能参加散打搏击的，只有泰拳能打。事实是否如此，不能妄下定论，国术是有搏击的，不是没有，也没有没落的现象，只是这位拳友见闻不广罢了。国术的修练者，不一定会去参加搏击，因为他是武术家，不是格斗家，他练武不全然是为了格斗，还有武术家应修炼的东西，如谦卑、忍辱、涵藏、武德、修行等。当他的功夫越深沉时，他会越内敛、越谦恭，不会摆出一副不可一世的傲慢相。

结论

武术没有好坏之别，看你有没有深入去修炼；自己没有涉猎到的，则无法深入去了解，若鲁莽肤浅地随意批判，是不智的作为。孩子是自己的好，没错，但是不能说别人家的都不好。

批评之前，宜先身历其境，身体力行一番，再下评语，庶几无过。

第47章　何谓整劲

先谈何谓劲。一般人总是不明白，以为劲就是力量，以为手脚腰胯身势搭挡配合得顺畅完整，就可称之为整劲了，岂知与实际上所谓的整劲，还相去十万八千里。

其实，劲与力是完全不同的东西。力是天生即赋有的，只是有大小之区别；劲则需透过后天的锻炼，譬如以心行气、以气运身、气沉丹田等。经长期聚集储藏，把气敛入筋骨，这才称之为内劲。不是长期地训练打沙包或击破，或藉药洗将手臂练成铁骨，这些都是肤浅的土法炼钢术，不足为奇，非智者所取。

内劲之锻炼，三五年可以有小成，十年可大成，大成后内劲蕴藏在体内，可以保持永不退失。如果是土法炼钢术，以外物外法短期练成的铜墙铁壁，迈入中老年，功力逐渐退失，要保持功力，得长期忍受皮肉之苦。若是不慎伤及神经，那不只是听劲（触觉）反应变得迟钝，还会留下无穷的病变及后遗症。

劲是机动而赋有弹性的。劲可藉由意念的驱使而快速反应，要大要小，要长要短，要深要浅，皆可随心所欲。换言之，是心念之内动，透过内动而形之于外，就称之为发劲或放劲。它的劲道是集中而扎实的，是迅速而灵敏的，是迅雷不及掩耳的，不须有距离加速度，就能即刻命中目标。

第 47 章　何谓整劲

发劲要完整，需具备三个条件，否则即使拥有丰富的弹药，被深锁在仓库里，也是无用武之地，发挥不了作用。

第一，手要有掤劲，练就松而沉的乘载劲道，曲蓄而有余。

第二，脚跟下盘需有盘石盘踞之势力，俗称入地生根。有了根，在发劲时才能像打地桩似的借地力一贯击撞而出。

第三，腰的丹田之气所使出的弹力，要能像苍龙抖甲般疾动，腰的快速弹抖，亦是由底盘的脚跟所驱使。

拳经云："其根在脚，发于腿，主宰于腰，形于手指。由脚而腿而腰，总须完整一气。"短短二十余字，有谁能深刻去体会，而且悟出它的真实道理。如果以知识去理解，则流于肤浅的外表形式。

拳经是讲里面的东西，第一个在脚，脚若无根，莫要与人论发劲。第二腰如何作主宰，它要指挥手时，内在得有丹田之气，无气如何爆破令手出击。第三手若没有掤劲，腰则变成空转空运，也起不了作用。这三个条件具备了，最重要的在于完整一气，内气与外形须搭配得无隙无缝，内外相合，上下相随。从文字上看，发劲好像一节一节往上传，其实它是一鼓作气、一并而发的，气随意动，心想事成的。

所谓完整，即无缺陷，无凸凹，无断续。有缺陷即不完美，三个条件缺一就是有缺陷。有凸凹即不平衡，就是上下起伏，使发劲的势力被削减；有断续即不连接，使劲道中断。

在内里方面，泛指意不断，气不断，劲不断。意不断，指意念要集中，没有妄想存在；气不断，指气的饱和汇聚，不散乱；劲不断，是内劲的绵密不丢与蓄积，待势而发。

如是内外完整，上下前后完整，意、气、劲同时完整，始得谓整劲，或谓完整一气。

第48章　推手为何变成摔跤顶牛

太极拳的推手为何会变成摔跤顶牛、死缠烂打，成为武术界人士所垢病、批评、讪笑的对象？原因如下：

一、老师水平低落，不会喂劲

真正会太极推手的老师及教练寥寥无几，大部分的老师及教练是去参加推手比赛侥幸得了名次，回来之后就开始当起老师或教练来，其实对于推手的内涵还是半知半解的，要如何替学生喂劲，他们是一无所知的。

喂劲是非常高深的功夫，为师者必得知道喂劲作势的要领，会喂劲作势，才能让学生拿到分寸，让学生能理解拿捏应当在何时走化，该走化多少？让学生能知道何时应该顺势反弹发劲，及中途的变化虚实，这全在老师双手之间的暗示，双手发挥的肢体语言，是学生与老师之间的桥梁，与灵犀的默契。

在喂劲当中，在走化与发劲之间，都是不用拙力、蛮力的，都是轻巧的，都是顺势而为的，没有一点牵强，没有一丝顶抗，也不会用到局部的手力，在化打之中全是要求完整一气的。如此练来，彼此都是轻松而不疲累的，在练习当中是趣味丛生的，会让人一头栽进去，流连忘返，功夫渐渐成熟。此时，耍玩推手绝不会再有顶抗、摔抱、缠斗等情况发生。

二、学生不想用功，欲求速成

现代的学生太聪明。因为聪明的关系，就会投机取巧，不肯老实认真地下工夫。很多学生连拳架都不会打，基础尚未成就，就急于想出名，就跟着人家乱推一通，靠着本身拥有的蛮力，练成死顶蛮抗及一股冲劲，想打出一片天来。

有的人反应好、耐力够、蛮力大，在比赛场中也有获胜的机会，因为一般选手都在水平以下的关系，他就有侥幸出头的时候。拿了几次冠军以后，他可就不得了了，不可一世的嘴脸摆出来，只能让方家窃笑罢了。然后就当起老师来了，如此恶性循环下去，太极推手就被这些人搞成今天的局面，徒呼奈何？

三、裁判水平超低

只要接受裁判讲习数小时，缴了讲习费用，就可轻易拿到裁判证书，当起裁判来。

很多裁判根本不认识推手，遑论会推手，外行指导内行，令人啼笑皆非，仰天长叹。不会推手却可裁判推手，这真是笑话中的笑话。

四、结论

这是如今太极推手的实况,是无可奈何的事,也是无法挽救的事。叹息也是徒叹息,要跳脱这个框框,您只有走出这个圈子,不去与他们混滥,也无须去参与此类的推手比赛,特立独行,超然迈向自己理想的目标。否则您得个冠军什么的,对自己的功夫又有何帮助,只是浪得虚名而已。

第49章 气与劲的实战应用

一、气与劲的差别

气是每个人先天就赋有的,然有气强与气弱之别。气强则精神旺盛,神采奕奕,意气风发;气弱则精神萎靡,神形黯淡,忧郁寡欢。没有气,生命将会终结。

古人知道气对人体的重要,故有所谓的"练气士"专门修炼气功,以达健康长寿。

气是可以修炼的,只要心静得下来,利用意念去导引、去行气,以气来运转周身,令气血循环强化,使新陈代谢正常,即能达到健康的效用。

劲是透过运气的修炼,使气达于腾然状态,然后敛入筋脉骨髓之中,经久聚集储存,形成一股巨大的内劲,蓄而备用。

二、气与劲的修炼

气的修炼,主要在于清心寡欲。心能清净,气才得清澄无染,才能沉淀，运行才能畅达无阻。

气的运行，需靠意念之导引，以心来行气，借着呼吸吐纳令气在体内鼓荡，使内脏得到温养与运动，强化机能。

透过清净的修为及心意的牵引，气机就有"腾然"的感觉产生。就像烧开水，时间火候够了，自然会滚烫，并且冒出水蒸气。

这股水蒸气冷却凝固之后，沉敛入骨，它就是内劲。内劲虽无形无色，但累积集聚行功深时，在松中可以感觉它的沉着，所以它是有质量的，它是气所聚集的元素，一种无形的磁场，一种量能。

劲的修炼，可以透过站桩、拳架及其他基本功的单练来聚集储藏。并透过发劲的训练，把沉藏的内劲开发出来，使它能够被实践与运用。

练习发劲有三个基础：

1. 脚有盘踞之根。
2. 手有掤劲弹力。
3. 气宜完整。

然后再透过老师的喂劲，始能将内劲开发出来，才能实际应用于推手与实战当中。

三、气与劲如何应用

气与劲在实体上虽有区别，它们虽然是不同的质体，然而在实际应用时，它们是不可分开的，它们是一体的两面。

劲就像一个炸弹，气则是火引，点燃了引子，炸弹才能爆破。在发劲时，必须藉完整之气，刹那同时引爆，使内劲像放箭似地疾速奔窜而出。

发劲不能缺少饱满的气，有了气，劲才能产生作用。

若徒有饱满的气，如气功师之类的，而未成就沉着的内劲，也不能有发劲的作用与功能。

若说能以气打人，如传说中的凌空劲，那是得眼见为凭，否则只能以武侠小说看待。

被内劲打着的感觉是什么，只有亲身体验方知。被内劲打中而内伤也是可以理解的事，并非神话，因为人的内脏是极脆弱的。

第50章　推手只是功夫的一部分

这是一则太极新闻，文章大略如下：

"2007年08月26日，在河南举行的武术比赛，目前公认实力最强的选手，多次获得推手重量级冠军者张某某，一上擂台就被对手追打，满场抱头鼠窜，全无还手之力，场面惨不忍睹，裁判不忍看下去，中途终止了比赛。

"张某某上场时，人群中就有不少窃窃私语，言其拳架打得虎虎生风，屡获最重量级推手冠军，为目前实力最雄厚者。没想到，张某某竟在散手中如此不堪一击。"

看到这则新闻大家会觉得意外吗？怎么会这样？太极推手到底能不能算是武术？在实战上到底能不能用？

太极推手当然是武术，但是推手只是功夫的一小部分，并未包含了所有的功夫，不是全方位的功夫，它只是进入实战的一个练习阶程，跳过这个阶程，再去深入搏击的实际对练，实战的功夫才能算是成熟的。此时去与人实战才能应付裕如，才不会被打得抱头鼠窜，无力还手。

现在的推手比赛，大部分是以蛮力及耐力取胜，只要有一股蛮力冲劲，加上体力耐力好，还有靠一点运气，取胜就有机会。但是这样的推手冠军，值得炫耀吗？推手冠军就是武功高手吗？就像这则新闻的主角张某某一样，已然成为武术界所窃笑的对象。

第 50 章　推手只是功夫的一部分

推手并非不好，推手其实是一种非常深妙的技法，只是被今日的太极拳辈们所误导，以为推手就是这样那样，只要能把对手推出、摔倒，只要能取胜，不管是斗牛、纠缠、搂抱，无所不用其极，所以就演变成现在的推手。

真正的推手需透过正统的老师亲自喂劲，作势引导，让学生在松柔之中真正学会轻巧的走化，而不是力顶、顽抗。从喂劲当中所训练出来的发劲，也是赋有弹劲的，不是死力、蛮力的推打。

推手主要的目的是练出灵敏的听劲以及自然反应，更要练出沾黏的好技巧，能让对手一沾我身，即能轻松黏住对手，让其不丢失，在沾黏当中去掌控对手的动向，寻求发出攻击的契机。沾黏的功夫一旦练就，于实战搏击时即能取得先机，发挥攻防的效益。

全方位的武术搏击所应涵盖成就的功夫，包括根盘的稳固、内劲的培养、腰的弹抖、气的完整，以及步法的轻巧，反应的灵敏，听劲、化劲与发劲的究竟，更重要的是要有实战的临场经验。

具备了以上的条件，才可以上战场，与人较高下。

不如是，自以为推手冠军，轻易大胆上了战场，当然只能抱头鼠窜，满场被人追打，自落笑柄而已。

第51章　太极拳不是豆腐拳

太极拳是传统的中华武术，它涵盖健身与技击。练太极拳不只是健身而已，在武术的防卫技击应用上，具有甚深的哲理与科学性。若有人批评太极拳是软弱的，是不能致用的，是上不了搏击战场的，是只适合中老年人练的豆腐拳，这些皆是井蛙之见，皆是主观之见，皆是傲慢与偏见之言说。

网络有人如此批判："太多人一知半解，读了几本兵书，就以为自己能带兵打仗了，很多人喜欢以推动对方数步的技术，就说那是太极劲，被人推又不痛不痒的，难怪大家都说太极是豆腐拳啰，反正又不会受伤。真的有体格、有练武才华的年轻人，很少会去投入太极的，剩下一堆已经没什么性能力的中老年人去学太极，那种人本来久已经与世无争了，练出来的东西当然也会合乎其性格，也软软弱弱的，所以才会被说成豆腐拳。"

此网友已经严重污蔑了深具传统武术文化、艺术的太极拳，更污蔑中老年人及已经没什么性能力的人是学习太极拳的对象，也批评了他们的性格软软弱弱的。一个习武者，做如此的批判，真是匪夷所思，令人不解。自己未接触的就大胆去评判，只会凸显自己的肤浅、无知、唐突、草率及孤陋寡闻。

太极拳是适合各阶层年龄练习的，是兼具健身与技击防卫的，所以才称之为拳，是内家拳的一种。它当然是武术，是可以致用的，它不是软趴趴不堪一击的豆腐拳。

太极拳功夫不仅止于推手，它的功夫也不止于推动对方数步的不痛不痒的技术而已。太极拳在致用方面，有粘连黏随的触感听觉作用，能预知对手拳路的动向，达到牵制御敌的效果，能知己知彼，掌握先机，百战不殆。

太极拳的内劲一旦练就，在发劲时岂止是推动对方数步而已，功力深厚者，打得人内脏出血只是家常便饭而已。而能掌控自如、随心所欲地让对手跌退数步，不伤及对方，才是一个武者的修为。如果只是一直彰显自己所学能打善战，等到有一天不幸遇上太极行家，才知道自己之微不足道，才学会收敛，则似嫌晚矣！

套一句此网友之语："太多人一知半解，读了几本兵书，就以为自己能带兵打仗了。"太多习武的人，都以自学为好，自以为佳。若能以虚心客观的心态来作讨论，相信这片园地，一定会欣欣向荣，一片祥和。

第52章　武术没有无师自通

武术没有无师自通，尤其是太极拳、形意拳、八卦掌等内家拳。

即使现在信息发达，各式光盘教学录像带充斥，然而如果只靠这些教学录像带来自学，充其量也只能学到外形枝末而已，甚至连外形也学不完整，只能说沾到一些边边而已，更差者连边边也沾不到，学成四不像，所谓拳不像拳、架不像架、形不像形、势不像势，离拳术远矣。

譬如以太极拳之外形来说，身体要求尾闾中正，虚灵顶劲，松腰落胯，如何以腰腿带领身手，上一势与下一势要如何贯穿绵接，如何折迭，如何缠丝螺旋等，这些要领在教学录像带里面，是很不容易详细叙述清楚的。即使这些都能交代清楚，学习者也能听得明白，然而在自己学练摹仿当中，能否与影片中的示范者同一个模样呢？可能十个摹仿者有十个不同的模样。如果学练摹仿错误，没人为你纠正说明，那么练成错误的架子后，当架势定型后，要改可就难了。

拳术不光靠练外形，外形只是空架子。武术的内涵宽广深邃，如果只学个空架子，在技击防卫上是派不上用场的。

武术的"体"包含外形拳架与内在的功体——气与内劲的培养聚集。那么，气与劲如何锻炼养成，则非有明师的口传心授不能为也。尤其是内家拳，虽有明师之教导，但是如果慧力不够，仍旧无法练就深厚的功夫。因为经云："非有宿慧，不能悟也。"那么，慧力若是够好，但缺乏坚强的毅力恒心与勤劳的练习，悟力也难得显现。也就是说，有勤练才能有悟境出现，不勤练，光是靠脑筋在那边胡思，这就叫作打妄想，功夫无法成就。

"偷拳"，只有武侠小说及电影、电视剧才有。有人谓，教拳要关在房内，怕人家偷学了去，这是无稽之谈。学练功夫，如果没有明师指点很难成就，即使有明师指教，如果不勤、不信受、没有悟力，也很难成就。更何况是"偷拳"、偷学，哪能成就功夫呢？

那么，只靠着光盘教学片而能自学并练成功夫，未之有也。

很多学拳者走的路线，都只求表面功夫，真正的体会他不想去追求，只要玩玩拳架，比比拳架，拿个拳架赛的金牌，他就自足自满了，不想再升进。外行人会误认他是一个练家子，等到有一天遇到场面，所学功夫却一点也派不上用场时，才被人戳破他是功夫练家子的假面具。一事无成，才是他的真面目。

想学武术，去找个明师，老实认真地练，功夫才能有成就。书本及光盘只能当作参考，如果舍本逐末，本末倒置，到头来只得一个空字，徒浪费宝贵的光阴。

第53章 以根领手

很多人都说:"以身领手是练功法则,到散手的时候就倒过来以手领身。"意思是说练功架时,要"以身领手",在实战对打时则需反过来,要"以手领身",这是很常见的说法。现在要以内家拳的体用来讨论,作为学拳者之参考。

以身领手,正确的说法应该是"以根领手"。何以故?我们看拳经如何说。太极拳经云:"其根在脚,发于腿,主宰于腰,形于手指。"这一句至理,涵盖了练功及用法,亦即体用皆兼备于其中,不光指练法,也不光指用法。

练拳架时,是由脚的根节,也就是根盘、脚底、涌泉,然后节节往上传输,由腿而腰而脊,最终点是形于手。其实手也是方便说,如果发劲点是肩靠,则应说行于肩,或行于肘,如以臀、背为发劲点,也可以说形于臀、背。这是练功架时,全身肢体的"领"法。

那么,练法如此,用法难道可以倒行逆施而"以手领身"吗?手,只是一个局部,它的力量是有限的,如何能以有限的局部力量来"领"带整个"身"呢?智者思之则可明辨,不必有所争论。

为何主张"到散手的时候就倒过来以手领身",因为没有成就根盘,没有练就浑厚的内气(无丹田气),没有练就手的掤劲,简单明白地说,就是没有练就完整的内劲,所以在散打时只能以手领身,只能发挥局部之力。

以手领身，就如以螳臂挡车；以根领手，则似推土机之推土，它是以底部轮盘作动力，根盘若是浮漂不稳，则推不动土石矣。

以身领手也不太正确，所谓"身"大抵是指腰部以上之身，腰虽能主宰身，但力量只有一半；以根领身领手，才是完整一气，才得谓之"整劲"。

发劲，不是靠手在那边晃动挥舞，那是空中楼阁。手发挥的力量，只是全身力量的一丁点，所以发劲不只是手。发劲有三个要件：脚有盘踞之根、手有弹簧掤劲、身有饱满的丹田之气，三者同时同步爆发，始得谓之"整劲"。

若只是靠手的蛮力，加上速度与距离的配合，而与人说整劲、爆发力等的，不得谓之行家。真正的发劲是意、气与劲的结合作用，余皆末事耳，都只是发劲时的一个桥梁、一个跳板而已。意、气、劲完整才得谓之发劲。此时还用谈谁领谁吗？

第54章 掤劲之修炼

一、掤劲之涵义

掤劲是乘载之意,像海水能乘载千万吨的船只或货物一般,它有浮动力,有载乘力,有承受力,有支撑力,这种力是活泼而有弹性的,不是顽固、坚硬、抗顶、笨拙之力。当海水呈现静态时,是水波洵洵,温柔婉约,浪静风平;当风起云涌时,刹那卷起万层浪,则是波澜壮阔,浪涛汹涌,气势惊骇,横扫千军,无可遮拦。

掤劲,有静有动,有阴有阳,有虚有实,可攻可守,可化可打,可黏可随,可听可觉,千变万化。御守城邑,冲锋陷阵,访察敌情,制敌机先,全凭掤劲之功。

二、掤劲之修炼

心里作意微微起一个念,将手臂轻轻提起,不必很高,如此已经进入"掤"的状态中,此时内心宜静,气息微微,似有似无,身心放松,手臂更要松得好像要掉下来一般,在极松极静的情况下,手臂会有沉重的感觉，经久练之，会有气胀、气麻、气痒、气钻的感觉出现。持之以恒地锻炼，这股气愈沉，然后敛入臂骨，聚集储藏而成为手臂的内在暗劲，就称之为掤劲。

静态的锻炼，可用站桩来练习，以平马步练浑元桩。步法以四六步或三七步或独立步皆可，手势用提手上势、野马分鬃、白鹤亮翅、退步跨虎都行。桩法站形意桩、太极桩、八卦桩都好。原则上，要把握心平气和，心宽体静，凝神屏气，气沉丹田，气贯于手。

动态的锻炼，就是练基本功及拳架。打拳架，脚跟须扎下，立地盘踞，沉稳如山，虚实变化轻灵。以脚跟带领、拖曳身手，手只需轻轻提着、掤着，不着一丝拙力。脚跟为动力，腰胯领导，身手随行。

当手被拖曳时，要有被周围空气微微阻碍的感觉，把空气拟想成水，水有阻力，空气亦有阻力，似在陆地行舟的模样。此时手臂因被动的关系，被脚跟及腰身拖曳带领的关系，内里的气血有膨胀贲张的觉受，如针筒管被压挤时，里面真空之不得宣泄，在推压时呈现的一股无形却可感受的阻压。

练基本功可作定步练习，如左右云手、采手、翻盖掌、按掌、穿掌等。原则上只是脚跟不动如山，前后左右撑蹬要有二争力，手的掤势与打拳架相同。

手臂盘起，应将整只手的支撑点、着力点摆放在手臂之根节，也就是肩部，次为中节肘部，所以肩要沉、肘要坠，谓之沉肩坠肘。

推手练习，也可练就掤劲。在练推手时，手臂更需保持松柔，不可力顶。对方巨大的来力，要以海水松柔的承载力接入脚底，松中含有暗劲及弹劲，如此才能轻松走化，并将对方反弹而出。若是硬顶硬抗，则将变成斗牛蛮缠，非是内家。

三、他山之石

有人言:"掤劲就是礴劲,那是一种将全身的力量集中在一点的攻击方式,被击中的人将会被弹离数十米之外,我有一个简单的练习法,初学先练肩膀,先全身放松,再用肩膀向前猛力一弹,鼻子快速呼气。"

所言应是"发力"的情况,猛力即蛮力,非"劲"。用肩膀则是局部之力,非整劲。掤劲虽然是可化可发,可守可攻,但它是以乘载、承接之内暗劲为导,非局部之力,非蛮拙猛力。懂得掤劲且能练就掤劲,堪称为内家,否则皆是外家之练法与用法。

有人言:"掤字,作箭筩盖解。因为箭筩盖是用以覆矢,太极拳的用法,凡是对敌人之手法或力量将出未出尚未得力之际,突然封之,使其不能发出,称为掤。"

此言未尽详,尚有商榷处。"对敌人之手法或力量将出未出尚未得力之际,突然封之,使其不能发出",这是制敌先机,截敌力于前,虽是妙招,然不能称为掤。对方之力,已加诸我身,或搭于我手臂,但能以暗巧乘载内劲,去承接它,去化解它,使对方之攻击力不再继续深入威胁于己,掌控裕如,并有能力施以反击,始谓之掤。

若对手不出招,也不使力,如何突然封之?突然封之,非是巧劲;或有失着,如未能封着,反易为敌所取。

不问对手之手法如何,不问对手出不出招、使不使力,而能随心所欲,而能粘连黏随,掌控自如,将对手玩控于股掌之间,如海水之载物,能载舟亦能覆舟。能不顶亦不丢,能被动亦能主动,能挫亦能勇,使得谓之掤劲。

第 55 章　内家拳的门外汉

虽说一般武术将形意、八卦、太极归类为内家拳，其余则为外家拳。事实上，内、外家非以拳种作为分际，是以所学之方法、内容及成就而作为类别。

用土法炼钢术去练击破、打砖，或用各种方法把皮肤表面弄成神经坏死，拳头长茧，似铁块那么坚硬，或靠药物药洗将手练成如铁砂掌或铁头功之类，这些，不管暂时他的拳、他的头或者他的脚等有多厉害，我们都要说他是别于内家拳的，当然要被摒于内家拳的门外，这是毋庸置疑的。这些拳种，不只外国有，中国功夫亦不乏其类，我们管这些功夫为死功夫，虽然表面上看起来他们有些厉害。这些死功夫、硬气功，都是属于内家拳的门外汉。

很多人标榜自己是内家拳子，一直贬抑、不屑外家拳。虽然他练的是形意、八卦、太极，照理应该算内家拳了，但是不定然。何故？因为他把形意、八卦、太极练成外家了，他是以蛮力、拙力、局部力在练，虽然外形是内家，而实质内涵已大大偏离内家，成为道道地地的外家拳。这种人我们也把他归类为内家拳的门外汉。

很多人学太极推手，比赛屡居前茅，但他不会打拳架，也不知什么是"以心行气，务令沉着，乃能收敛入骨"之涵义。那么，什么是内劲就更遑论了，他们只会斗力、顶牛，只会缠抱、摔搂，以力取胜。这些推手冠军，依旧要被归类为内家拳的门外汉。

有一拳友，学过鹤拳，后来拜师学形意、八卦、太极，推手也得过冠军。十几年后，他出来教拳。不去探究他有没有学到内家拳的真髓，光以他教学生用手臂互相砍打撞击，红肿后施以药洗，欲将手练成铁臂之教学观点，我们认定他是内家拳的门外汉。内家拳是智者拳，不会来这一套。

陈先生是练鹤拳与猴拳的，类属外家拳。后来涉猎了太极，领悟了太极以柔成刚的道理，他的猴鹤双拳融汇了太极，把猴鹤双拳打得比一般太极更柔更慢，更以心行气，更为沉着，他已然以极慢极柔的方法练就了极刚极强的内劲，在一场与日本拳家的切磋中，打败了日本人的团队。他练的拳种虽归属外家，但他练的方法与内涵已属内家，所以我们认定他是内家拳子。

内家拳以练柔练松练气练内劲为主，以极松柔之方法而成就极坚刚之内劲，这是那些练蛮力、拙力、局部力之拳术所不能理解的。他们总认为外力就是武术的一切，无力不能取胜。等到年过半百以后，体力慢慢退失了，才会了解以力所成就的短暂功夫是会退失的，但是已因练爆力、击破、砍砖、药洗等的方法，留下身体病变的后遗症，悔之晚矣。

公园、学校、体育场有很多人在教太极、在练太极，看起来松则松矣，但是松软无根、松懈无劲，只能算是体操罢了、这些人是属于太极内家拳的门外汉。

八卦掌走的像歌仔戏似的步子，形意拳打得像外家拳一般的刚拙，皆列属内家拳的门外汉。

有些"大师"级的大师，靠着在网络上打嘴皮，争论己见，而得"大师"之名，但却自露内馅地一直强调，"那些以蛮力苦练出来的功夫，非是武术的三脚猫。""往往这些些许的蛮力总能打破些不切实际的神话?""难不成可以认为因此可以参加些武术技击比赛打破这些三脚猫?"语气充满自是与挑逗,响应这些诤言即成笔战,而且永远没有结论。"还有请问气血如何腾然?是何种机制与功能导致?单单意念驱使也得有脏腑或脉络行驶吧?"习内家拳者皆知拳经所谓"气宜鼓荡,神宜内敛"之涵义,还用再详解吗?还用谈什么机制与功能才能导致脏腑或脉络之行驶吗?这些"大师"之自以为是,已成为内家拳修炼者茶余饭后之笑谈,犹不自知地以"大师"自诩。这些"大师"依旧要被列为内家拳的门外汉。

所谓门外汉,指人在屋门之外,无能力探究门内所含藏的丰富宝藏,始终在门外寻寻觅觅,不得其门而入,终究不能得到宝藏。或听得人说,门内有很多宝藏,却不予信受,不愿、不想入门去瞧瞧,也只能空手而返。

网络上有人言,"内家拳是豆腐拳""内家拳是弱者的武术",贬抑内家拳,他们有些是练过内家拳的,但是未沾到内家拳的边,只是自己没学好。有些根本不懂内家拳,从未涉猎内家拳,就学人胡说话。这些不懂装懂或一知半解的,随意批判内家拳,这些人我们统称之为内家拳的门外汉。

第56章 太极拳如何进入实战

一、被贬抑的太极拳

太极拳常常被贬抑为养生拳、老人拳，也常常被讥评为豆腐拳、女人拳、弱者拳，而且在说到实战时，太极拳总是被排除在门外，非属于被讨论的范围。

至于那些太极拳先辈们如杨露禅等高手的丰功伟绩，似已成为"过去式"，变成一桩历史故事，渐渐被模糊与淡忘。

太极拳推手冠军张某某参加搏击擂台赛，被打得抱头鼠窜，毫无反手余地，被当地新闻刊登出来，又再度成为武术界所嘲讽的对象，又再度把太极拳推向谷底深渊，太极拳欲再登上武术实战的舞台，机会似乎非常渺茫。这是值得太极拳界深思与反省的课题。

太极拳既然是一种武术，为何演变到今天，却只能成为养生拳，成为一种健康操，而无法进入实战，原因大抵如下：

1. 太极拳真正的内劲功夫成就不易

俗云，"十年太极不出门。"太极拳的内劲养成，需经长期累积储蓄，若非意志力超拔，有恒心，有毅力，有坚忍力者，无法练就。

拳经云："由着熟而渐悟懂劲，由懂劲而阶及神明，然非用力之久，不能豁然贯通焉。"所谓"用力之久"乃用功时间之长久，如果依文解义，误会为长久使用蛮力，则变为失之毫厘，差之千里。

这里拳经说，由懂劲而阶及神明，需要很久的修炼，才能成就内劲，进而懂劲而阶及神明。阶及神明才能随心所欲，才能在实战中立于不败之地。

2. 悟力不足，难以成就

拳经云："非有宿慧，不能悟也。"所以头脑鲁钝者无法成就太极之深功。

但是，头脑聪明过头者也练不好太极拳，因为善于投机取巧。

3. 身有蛮力者非太极之材

身材孔武有力者大多自负，以拥力自重，放不下蛮力，所以，不能以松柔之法而练就内劲。

4. 止于推手，不思升进

今日的太极拳界顶多练到推手即止，没有再往前升进。一方面是自满，另一方面是缺乏实战的师资。很多人观念中以为，有推手功夫就是太极高手了，划地自限于井中之天，不曾去浏览虚空之宽广，在遇上实战场面，落得一败涂地时，才知有所不足。

师资是今日太极拳的大问题，在太极拳界能有实战功夫而且会教学者寥寥无几。

二、太极拳如何进入实战

1. 苦心造诣，全心投入体功，练就内劲

内劲没有成就，绝对无法抵挡一般的拳术。

2. 需有明师之喂劲

内劲成就后，要有明师来喂劲，才能真正体会发劲的要领，需练到能打出寸劲及贴身打人。

3. 推手功夫不可废

推手虽不是实战的全部，但是推手中粘连黏随的听劲，是一般拳术较缺乏的，推手可在近身肉搏时发挥极大的作用。

4. 参加实战需兼练体力及耐力

体力及耐力不足，终场必败。

三、结语

体用兼修方能实战。体，包涵下盘的稳固，需从站桩、基本功及拳架入手，每日至少早晚各练一小时，持之以恒，练之不断。要以心行气，务令沉着，才能收敛入骨，聚成内劲。推手须练至能听、能化、能发。须靠明师长期喂劲。用，就是致用，包含推手与实战。推手只是进

入实战的一个过程,莫止于推手,莫满足于推手。

实战更需老师亲手喂招。从单招、双招、连环招,慢慢着熟,再从单招、双招、连环招中去灵活变化。至相当时段,开始进入实战状况,无招无式,真实自由对打。

真实对打,不可像小孩子玩把戏,那样练不出东西来。真实对打,有时会受些轻伤,但要实际去体验战斗的真实感。受点轻伤总比真正临敌时被打成重伤好。如果练就了内气,在体内形成一层囊膜,可以承受打击,就不会受伤。

在不断的对打实战中,胆识慢慢成长,气势渐渐增进,在此武台上、在遇到真实场面时,才能临敌而不惊,处变而不乱。

累积了实战经验,练就了体用功夫,才能称为太极拳,否则只能永远被贬抑为太极养生操、豆腐拳。

第57章 学武术应有的心态

心态正确，学武始能有成。

一、认清学武的方向目标

为何学武？目的何在？只是为了健身吗，还是想成就高深的武学。方向弄清楚了，方向掌握住了，知道目标在哪里，才不会盲目乱飞，盲修瞎练，白费力气。偏离了方向就会与目标愈行愈远。

只想健健身，学学松柔的太极拳，学会运气就可达到健康。想学武术防身实战技击功夫，得要有恒心、耐心及吃苦的心。

二、武术没有速成，你得认真老实地练

如果是练内家拳，两三年才有小成。那是指你能认真持续地练，如果练练停停的，莫说三年，到晚年依旧一无所成。若是觉得功夫没进步，有些落寞失望，先不要抱怨谁，自问有无认真练习。

我常鼓励学生，每天练拳，需早晚各一小时，这是最低标准。有学

生听得进去，依教奉行，进步就看得出来。若没那个心，守株待兔，则不知何年何月功夫始成。

三、要信受老师，心中无疑

老师说什么，你听进去了，心中相信接受了，依老师的话去做去行，功夫指日可待。若心中疑师，或半信半疑，你心里有了犹疑，有了踌躇，就不会积极精进，功夫难得成就。

一位学生拳架打得还可以，外形还可以，但没练出根力及内劲。他想走教练的路，我一直鼓励他，多学扎根的基础功夫，莫求外表枝节。他没有听进去，还是以拳架外形为重，参加套路比赛，得了金牌就自满了。后来自己想，没功夫底子，将来开馆当教练，如有人来切磋踢馆，怎么办？于是又来跟学。

学推手教他不要力顶顽抗，总是听不进，然后学一天停三天，最后只好辍学。这是他的瓶颈，不信受老师，永远无法突破超进。

四、心存恭敬，不可有慢心

青出于蓝胜于蓝是正常的事，也是常有的事。但有一天，功夫超越了老师，不得生起慢心，对老师需更加恭敬，心存感恩，而且要知道反哺。

现今，伦理道德没落，逆师叛徒屡见不鲜，令为师者心有戚戚焉！功夫还得留一手。

能真诚相待，为师者定会倾囊相授，无所保留。心存恭敬，心地仁厚，定能功夫有成。

心存恭敬，不是外表唯唯诺诺，虚与委蛇，而是发自内心。譬如，老实认真练拳，上课不旷课、不迟到。有些学生，学拳老是旷课，上课总是姗姗来迟，这是不可取的态度。

我们以前学拳，总是提前一小时到达，等老师来时，已是满身大汗。如果心中作如是念："我有缴学费，爱练不练，可以自由。"老师虽然不好意思说你，但是损失的还是你自己。

五、要亲近老师，保持互动

学生有的很矛盾，想跟老师学武术，又不敢亲近老师。我的师伯黄老师，以前教过两个学生，来练拳时，总是离老师远远的，不敢亲近老师，也不知是何原因。

而我心中总觉得师伯的笑容非常可亲，好像弥勒菩萨一般，总是笑口常开，很亲和，所以我反而比两位师兄弟更亲近师伯，我也从师伯身上获得更多的东西。我们之间的情感，是亦师亦友的，如兄弟一般。现在师伯已经往生多年，我真的非常怀念他。

六、学武术贵在专精，不可广学多门

俗云："贪多嚼不烂。"学武贵在专精，一门深入，功夫始得有成。我学的门派是终南派内家拳，虽有形意、八卦、太极三门，但我独爱形意。形意，招法简单，用法简捷明快。

将近三十年了，我还是练形意五形母拳，愈练体悟愈深，愈练愈觉形意之易学难精，才知形意招式虽简，内涵却博大精深，愈学只有愈深，没有满足点。

很多人学武术，喜欢多，像菜市场，像超市，什么东西都有，以为如此就是武学丰富。其实不然，学了百样，而无一样精通，等于没学。只学到外表，没学到内涵，算是白学，学了不能致用，也是枉费"工夫"，白忙一场，只赢得自我虚荣罢了。

心态正确，正念现前，自然能排除困难，冲破瓶颈，达到理想的目标。

第58章　套路与实战

武术包含套路与实战。学武术，有人只喜欢打套路，有人只喜欢格斗实战，不爱练拳架套路。能将套路与实战二者兼学并练，才是完整的武术，要形有形，要用会用，才堪称武术。

台湾与大陆的武术，已大部分偏于套路，所以才有拳架套路的比赛，就是光打形而已。某些拳种虽有打形，但是比赛以实战为主；台湾与大陆反行其道，以套路为主，这是武术的异类，也是武术界的怪现象。武术的终极目标当然是防卫实战的，怎么变成光是练形而不求实用了呢？真是令人百思不解，难以思议。

西洋一些格斗家，不练所谓的武术套路，取而代之的是体能训练、重量训练与各式格斗技操练，他们重视的是体能、重量与格斗技巧，靠着天生所拥有的体形、力量，加上一些技巧，就能在世界格斗舞台耀武扬威。

中国的武术家，有部分人确实是有功夫的，但是缺乏实战经验与体形耐力的等等差别，很难在此武台上与老外一较长短。而实际上，如果论真正的功夫却是不输那些老外的，他们只是缺乏专业性的实战经验训练。而且很多武术家并不喜欢格斗，他们只求防身健身而已，打打杀杀，对他们来说是不具有意义的。但是如此一来，武术已然被贬抑为不能实战的花拳绣腿，这是值得我们认真去思考。

第 58 章　套路与实战

有些格斗技巧的朋友说，打套路是多余而费时的，他们认为实战时用到套路中的招式是微乎其微的，与其花时间在套路中，还不如去练拳头的重量、速度，简单好用，杀伤力又大，认为套路只是理论，实战才是实际的。

全方位的武术，必须体用兼修，套路与实战并练，有底子，也有面子。如果不练套路拳架，只学格斗技巧，究竟还是缺少底子；若是光练套路拳架，而不修实战技，那只能称花拳绣腿、绣花枕头，外表好看而已。

太极拳界很多推手选手，只会推手，不会打拳；也有很多拳架套路比赛屡得冠军者，却不会推手与实战，真是奇哉！怪哉！他们已然将套路与实战彻底地切割分离，分门别类了。

台湾的武术套路的推广，可说是百花齐放，百家争鸣，什么拳术都有，但是说到实战，却无法与外国人相提并论，一较长短。虽然在电影中，中国功夫也曾喧腾一时，但是，我们不可被这些表相所迷惑，气泡虽然五彩缤纷，不久即会幻灭。如何寻回过往逝去的风华，是我们认真思索的方向。

套路打得好不好，从中可以窥探功夫的深与浅，从套路可以看出他的根盘扎不扎实？脚步虚实移动变换轻不轻灵？他的气有无鼓荡？手有无掤劲？有没有以身领手、以足根领身？有没有内外相合、上下相随？招招之间有无折迭、有无转换？有无松沉？等，内行人一眼即知，所谓内行看门道，外行看热闹。套路比赛都是看热闹的，现在的拳架冠军者，十之八九缺乏真实功夫，只是虚有其表的体操之美而已。

功夫好的人，套路打起来，跟那些比赛冠军者真是天壤之别，好坏有无立判，瞒不了行家。所以，不必一味去羡慕那些拳架比赛冠军者，值得去学习的是有底子、有面子、体用兼备的名家。

第59章　塌膝与根

塌膝，在武术的步法中是最常见的毛病，但却很少人注意得到，尤其是练太极拳者，连站在前面带领学生的教练老师，也会有塌膝的情形，只有会看门道的行家，才看得懂。

因为以盲引盲的关系，因为习以为常的关系，因为大家都如此的关系，塌膝的毛病几乎被正常化了，也因为如此，能练出稳固的根盘及能以根盘之搭配而发劲的人，就变成凤毛麟角，甚为稀有。

所谓塌膝，就是膝盖瘫塌，失去了支点，没有了支撑力，无法使身体获得平衡中定。

塌膝包括前塌与后塌。前塌，就是膝盖超越了足尖，使上半身失去支撑全身重量的支点。这个支点失去，欲向前使力或发劲，就会没有依靠，就使不出力，也发不出劲。在发劲时，身体会虚浮飘摇，因为下盘没有着力点，因为脚跟无法完整地借到地力，所以发劲就变成空包弹，不能发生作用。

后塌，乃身体后坐向后拖曳时前膝直塌，后膝弯陷，同样失去支撑力，使身体向后仰，腰胯往上凸顶，气不能下沉丹田，失去了架势。凡是前俯后仰，漂浮不定，失去支点，都称之为后塌。

不管前塌与后塌，只要犯了塌膝的毛病，下盘的根铁定无法练出，涌泉无根，腰亦无主，终将沦为"力学垂死终无补"的局面，不只是功夫不能成就，有的还会留下膝盖疼痛的后遗症。

会不会发劲，与塌膝有很大的关系。发劲时两脚得前撑后蹬，两脚力点向下运气打桩，借地反弹之劲，刹那同步崩出，完成一个整劲。如果塌膝，那么在发劲的刹那，因为膝盖的瘫塌而失去完整同步同时的劲道，无法得到发劲的效果。

塌膝如缺乏地基的楼房，如空中楼阁，虚浮飘渺，不能稳如泰山，不能变化阴阳，变得呆滞顽冥，转换虚实不灵，在推手或实战中，只是挨打的架子。

塌膝，很难用语言文字来描述，只能口传心授，以肢体亲自校正说明，才能有所领会，透过推手及发劲的体验，才能快速改正塌膝的缺失，步入正轨。

到公园或体育场看人打拳，会欣赏到很多塌膝的场面，前俯后仰，歪七扭八，千奇百怪。然而见怪不怪，因为太极拳已经变成如此这般，其他拳术亦然，已然成为世俗化、平常化，已经变成养生运动化，虽谓之为全民运动，不知是该高兴，还是该悲哀！

第 60 章 轮椅太极

练太极拳，不分男女老少，不分健康、体弱，不分正常人或坐轮椅的人，都可以学练太极拳，也都能得到健康，若能用心地持之以恒，也可以练出功夫。这决不是胡言乱语，信口开河。

一般肢体正常的人，练起太极较为方便，因为两脚可以自由活动，向前退后，左移右挪，坐胯落腰，撑蹬，伸屈，摆动，无不自如自在。那么，行动不便的人，坐在轮椅上的人，可以学练太极拳吗？答案是肯定的，练好了也可以是有功夫的。

练太极拳主要是以心行气，以气运身，使气血循环良好，新陈代谢正常，达到健康的目的。若能用心体悟，令气沉敛入骨，产生内劲，进而练习推手，也能达到防身制敌的效用，成为一个有功夫的人，这不是天方夜谭，也不是胡人说话。

太极十要之中，坐轮椅的人，除了虚实分清须用到两脚的地方而难以做到之外，其余皆可依循拳理而正确地练习太极拳。

再者，拳经所谓的分清虚实，也非局限于双足，身体依然有虚实之分，甚至气的鼓荡也有虚实之分，如果这些都有了虚实，我认为也可以算是分清虚实了，不一定以两脚作为分清虚实的目标。

《拳经》所谓"其根在脚，主宰于腰，形于手指"，这是指对一般双脚正常的人而言，人之全身若以三节而分，脚是根节，腰是中节，头是梢节；如果是坐着，那么，根节就是臀部。

打拳时，只要以支撑身体的臀部作为根节，来引领身手，来拖曳身手，就符合拳经所说之理，谁说不是？读经看论，须深入内里义涵，不宜在表面文字上咬嚼，不宜依文解义而陷于文字障里。

能以臀部作为根节，引领身手，拖曳身手，加上行气运身，令气沉着，也可以使气腾然，也可以收敛入骨，也可以成就内劲。

内劲成就了，可向上升进，练习推手。坐在轮椅上练推手有一个好处，不会滥用蛮力。因为轮椅的轮圈是要放任活动的，不能锁紧固定，否则无法练习。因为轮圈是放任活动的关系，如果使用蛮力又无技巧，那么在发劲时，轮椅会因后座力的缘故而自然向后倾。为了避免发劲时轮椅因后座力的缘故而自然向后倾，所以在推手的时候，就有很深妙的技巧，这些技术包含粘连黏随、听劲、皮肤触觉及神明的自然反应。

各方面的功夫都具备了，才能在发劲的一刹那间，令全身的势力贯入底部的轮圈，深深地吸入地表，以轮圈借地表之反弹力，刹那疾速短捷地奔出，这样在发劲时，轮椅才不会因后座力的缘故而向后倾，何故？

因为在发劲时，气沉贯入地表的那一瞬间，刚好形成一股强大的支撑反弹点，非常坚固，它的势力在下沉的刹那，会向前反弹，所以不会向后倾。

所以，身坐轮椅，身有残障，不必自卑，应该勇敢地"站出来"，君子自强，当你拥有了健康，练就了功夫，就有自己的一片天，活得快乐而自在。

第61章　形意拳蹬步练习

古之形意拳家留下好几句名言："消息全凭后脚蹬""追风赶月不放松""硬打硬进无遮拦"。这些名言都是在标赞形意拳蹬劲的神妙。可见蹬步在形意拳的练习当中，占有极重要的地位。

"消息全凭后脚蹬"，消息，即音频，讯息、讯号、听劲或预感，行动时必须去相应搭配的，不论在拳架或实战中，在技击进攻或进步单练中，都必须以蹬步来完成。

蹬步能练出劲道，能于实践中瞬间爆发蹬劲，意到、气到、劲到，这样才能追风赶月，才能打进无遮拦，才能在实战当中令对方兵败如山倒，如决堤般的崩溃。在实战中，出拳攻击，如果没有上步，劲道受限，但倘若有上步而蹬劲不足，亦难发挥完善的制敌效果。

初练形意，从蹬步起练，也兼练站桩，巩固下盘之根。身体直立，微蹲，气沉丹田，两脚距离与肩同宽。左脚轻轻往前迈出一步，成四六步，重心前脚四分，后脚六分，两手掤起如按人状，这是预备式。起练时，左脚轻轻抬起离地一寸，同时将重心全部移至后右脚，右脚全掌贴地，与地密合，向前蹬出。当前脚踩地时，后脚必须迅速向前跟进，保持与预备式前后相同的脚距，宽度也一样与肩同宽，并保持前四后六的重心。练习五十步就换脚，换成右前左后，同样练五十步。接下来左右交替练，右脚蹬完换左脚蹬，一右一左一直练下去。

蹬步练习常见的毛病：蹬步完成时不能保持重心在后，身体歪斜前俯后仰，后脚跟步时脚掌拖地，把蹬步误会成跳步。用跳的身体会虚浮，根劲无法练出，完成蹬步到位时，两脚没有前撑后蹬之暗劲，形成塌膝状态。

蹬步的要领：后脚蹬地时，气要沉，意念要到位，脚掌似欲将大地踩沉之意，将大地向后推移，使身体借推移之暗劲往前跃进。脚掌好似划船的桨，大地如若江中的水，桨划动水有一股阻力，脚掌推移大地也有阻力，身体向前进行时也有阻力。这种阻力的自我虚拟与感觉，非常非常的重要，这跟以后所有暗劲的练习息息相关，若能触类旁通，则进步神速。

推手的蹬步练习：向前发劲双按，脚掌打桩蹬进，身更沉，不可浮起。浮起皆是使用蛮力之故。若能气沉脚跟涌泉穴，藉地之深沉而形乎手，劲道才能扎实，不会虚浮飘渺。

散打蹬步之练习：半步崩拳，后脚蹬地前进，前脚向前跨出半步，脚尖向后撑，前后形成二争力，如欲将大地撕裂，蹬步钻劈，道理相同。

实战：蹬步切进敌丧胆，气势凌人胜在握，硬打硬进非蛮力，道理只有识者知。

第62章　内家拳的体

　　武术分两个层面，一个是体，一个是用。体没有练好，在致用上就大大打了折扣。有体而不会用，功夫只练了一半。今天的题材只讲"体"。武术的体，是指内功，有人称之为内力，正确的说法是指内劲。广义的说法，体还包含下盘的根、手的掤劲，以及丹田气的充实等。内劲是透过气与意念的修炼，累积而成；也是透过松沉，排除蛮拙之力而成就。

　　某些人，永远不相信松沉而不用力的练法能够成就内劲，因为他已经习惯了蛮拙之力，因为他不曾练过松柔，不能理解松柔的意境，不知极松柔后能极坚刚的道理，所以就与你争论不休，永远也不服输。

　　那么，内劲如何才能成就？《拳经》云："以心行气，务令沉着，乃能收敛入骨。"这句话我在不同的章篇已经一再地重复叙述，但是能听得进的也没几个，能信受而悟入的更是寥寥可数。

　　所以说内家拳真是难练，光是信力已难生起，何况能够悟入，更是难上加难。因为《拳经》又说："非有宿慧，不能悟也。"内家拳不是说你信受了，然后埋头苦干便能成就；勤练之外，还得加上一分慧力。

　　悟力从何而来？从勤练之中产生。如果没有去实践体验，如果没有殷勤努力的练习，只凭脑筋空想，是成就不了内家拳的。

　　所以有勤练，才有疑问产生，有疑问，透过发问理解后，再继续勤练，总会有个悟处。当你真正悟入了，会有像发现新大陆般的振奋，这就是慧力产生，此时的进步就神速了。

现在练拳的人，能够真正殷勤努力的并不多见，百难得一，大部分只是随兴而练，能够坚持每天勤练两小时的人，是很难觅得的。我一直在寻找这样的学生，但是还没找着，实在令人叹气。

言归正题。以心行气，靠的是专一，心不旁骛，心能专，才有办法行气。行气，靠意念导引，气会听意念的话，只要你能够凝神屏气，气就会乖乖听你的指挥。行气用逆呼吸，可加强气的吞吐量。吸气时，气贴背，引气入背后两肾，吐气时，气归丹田，沉入丹田，让气汇集在丹田，丹田气满气足气壮时，慢慢鼓荡横膈膜，使内脏得到运动与温养。

进而，气分布至四肢全身，兵分多路。

在行气时，宜慢宜缓宜静宜沉，身心松透了，气自然会沉，气沉着了，才能收敛入骨，收敛入骨就汇集成内劲。内劲就是这样，一天一纸，不觉其量，数年之后，它就沉沉淀淀，厚厚一叠。

拳术的一切法由体而生，有体才能致用。体由气而成，气由意而导，气沉由松柔而致。松柔是练体的法，有正确的法，才能敛气成劲。劲就是功体，或言内功或言内力。没有体而言实战，即成戏论。没有练就这个体而与人论武，皆是空谈。

第63章 把身体让给人
——谈太极推手

太极推手常见的毛病，就是体外架设一道城墙，双手护着身体，不肯让人近身，认为这样就是最好的防御。殊不知如此作为，乃是一种顶抗的劣习。表面上看起来好像能使对手不易攻进，自己似乎是站在有利的位势，但是长此以往，练成了满身的蛮力，两臂僵滞，对身体的听劲敏觉能力反而不能成就，可谓贪求眼前之暂胜，却使自己的功夫停滞不前，失之多矣。

笔者与师伯生前练习推手，师伯常告诫我，推手时要把身体让给人，身体要故意唱出空城计，故意引对方进入。那时不解当中涵意。某次推手时，只见师伯胸前大空，我乘机双掌用力按去，师伯并没有用双手来格挡，只觉得师伯的气微一落沉，已将我的强势轻松化解，我反而身体前倾欲跌。师伯总是摊开身体，让我当靶子打。当我后来体会到推手的深层内涵，才了解推手中"把身体让给人"的重要。如今，我教学生推手，也是如此告诫学生。

与人推手，如果一心只求自己立于不败之地，两手紧紧地护在胸前或死心塌地地缠绕着对方，甚至两手紧紧抓握着对方的双手死缠滥斗，结果终将只能在推手门外徘徊，无法进入门内，功夫永远不得增上。这都是爱面子的关系，爱面子，终将失去底子，无法成就推手功夫。

如果两手死心塌地地缠绕着对方，相对的，自己也是被对方所缠缚，两人的重点变成在那边寻找解缚点，伺机拨开对方双手得机而入，如此二人变成互顶互抗。到后来，两臂僵硬呆滞，堕成蛮拙之斗力，推手功夫永远不能有所进步。

若是两手紧紧抓握着对方的双手，那么，要发劲时必得先放开自己的双手，此时已被对方察觉，被抢得先机，是最为不智的方法。

为何要将胸口摊开让人来打？因为身体每一方寸皆有神经，皆能做一些适当的反应。身体摊开让人来打，你才有机会去练习反应，去感觉听劲，去感觉对手来力的大小、来力的方向，一切的来龙去脉，也渐渐地能掌控熟稔，越练越灵敏，越练越不怕人打。

当身体的听劲成就了，在实战当中才能化解对手强劲快速的攻击，瞬间化解来力。若是只靠双手去防卫格挡，是难以每拳都能招架得住的。所以只能靠身体去接，只能靠身体去化，以身体的自然反应去化解快速而强势的汹涌来力。

若能如此，才可以体会《拳经》所谓"全身皆手，手非手"的真正涵义，才是真正练就太极推手的高手。

若是只会摔跤斗牛、死缠滥打，终究还是太极拳的门外汉。

若是没有提升推手的水平，"推手"一词，将永远被讥讽为顶牛的把式，将永远无法走上台面与其他武术有所评比。

第64章　守着你的气，宝贝你的气

气，在武术中占着极为重要的地位。如果是练内家拳如形意、八卦、太极的，缺少了气的运为，那铁定是一个内家拳的门外汉，只能说是练练体操而已。

每一个有情众生都是靠气而活命，没有了气，断了气，或咽下最后一口气，生命即告结束。武术家、炼气士、气功师，都注重气的调养，也唯有智者才会重视气。外国人你跟他说气，他只知道空气，说到内气或内劲，他就莫名其妙。有些人比较崇尚外力，喜爱重力训练，练肌力、肌耐力、暴力。说到气，有些能接受，有的则是嗤之以鼻，不屑与你交谈，或者与你争论不休，没完没了，总是认为自己的才是正确的。

遇到这种情形，在辨正之后只得保持缄默，否则就变成一场永无休止的笔战，一场永无结果的争论。因为不同的见解、不同的系统、不同的练法，永远没有殊途同归，永远不会有交集，也永远没有一个结果。

气，我们的肉眼虽然看不见，但是可以感觉得出来。你手掌用力一挥，就会带出一股风来，这是外在的空气；外面的空气，吸入我们体内就有生理机制产生，有物理变化。气，可以活络细胞，强化血液循环，增进新陈代谢。新陈代谢退化就是老化现象，也是气机的退化现象，当气息奄奄时，也是生命即将结束之时。

气，可以透过意念的驱使来导引它，来牵动它，来带领它，来鼓荡它，使气机活泼、活化、活络而生生不息，使我们的生命力更强壮，让我们更充满自信，令生活更充满无穷的希望与愿景。《拳经》常说道："意到，气到，劲到。"可见气是可以导引、牵动、带领、鼓荡的。气是一种实质的量能，非是空无、空洞、虚幻的东西。

聚集气的地方称之为丹田，因为它是练丹的一块田地，你只要好好地耕耘它、照顾它，这块田地就会肥沃、茁壮、成长。丹田，又称为气海，像大海一般能容纳百川而不溢损。气，聚集再多，在丹田处会形成一个厚厚的气囊，就像皮球一样充满着饱饱的气，累积再多也不会有啤酒肚出现，只像一个小圆球，充满弹性，充满生机。

气，是可以储存的，是可以积蓄的，透过养气，就可以储存积蓄正气。孟子曰："吾善养吾浩然正气。"又曰："气，以直养而无害。"前贤练过气，养过气，才有这些名言遗留下来，供我们后代的人作借镜。

气，既然是一种实质的量能，既然不是空无、空洞、虚幻的东西，它就可以透过训练而被储存、积蓄，而被导引、牵动、带领、鼓荡，这是合乎逻辑的，也是可能实证的。透过修炼，透过修行，你就能渐渐掌握气机，将气运行于我们的意念之中。

气，是会浮动的，是会涣散的，也是会消失的。你如果没有好好地照顾它，没有好好地守护它，它就会消散，不能凝聚，没有了气，生命的气机就会退减而不能延年益寿。练武术缺乏气，徒有蛮力，也是一个空架子，不能培养出实质的内劲。在实际应用时，在实战对打中，因为缺乏气的关系，当蛮拙之力使尽时，就会气喘吁吁，无法再有战斗力，最后只有挨打的份儿。

气，是可以被守护的，是可以被照顾的，你只要好好地守护着它，它就不会乱跑，你只要好好地照顾着它，它就不会消散。《拳经》云

"气守丹田"，又云"意守丹田"，意思就是把气守在丹田之处，用意念、用心思，把气守护在丹田。《拳经》又云"气沉丹田"，气要如何沉至丹田，靠的就是一个"松"字，松了，气自然会慢慢下沉，一用拙力，气就虚浮。

练气首要就是要松，松才能沉，沉了才能凝聚，凝聚了以后，就是守着，不要让它跑掉。气，是靠意念来系守，守着气，照顾着气，好像照顾一个小孩，不能让小孩丢失，所以就得专心一意地、凝神安静地、恭恭敬敬地守护着它，把气当作宝贝似的看顾，这样它就会乖乖地安住在神殿丹田中，不即不离，永远与你同在。

我们的心像猿猴，总是跳荡不停，我们的意念像奔驰的马，很难安歇，财色名食睡五欲总是让我们的心静不下来，为名为利，总是用尽心机，终而使我们的气浑浊浮乱，越会用心计较的人，气永远不能凝聚，气不停地虚耗，如果得到名利而不停地虚耗正气，身体也不会健康，生命也不会长久。在得失之间，在细心的衡量之后，智者当会有所取舍。

用水发电，前提就是水库必须储备足够的水量。武术，靠的就是气壮神凝，凝聚了足够的气，你才能运气周身，才能气敛入骨，才能产生内劲，作为实战的基本能量。

有一首流行歌叫《守着阳光守着你》，阳光如何守护？情人如何宝贝？守着情人是靠忆念，是用心去思维，用心去想念，而至与情人的心互相感应，就称之为心心相印，心心就会相通，因为想念、忆念的关系，两人的心就会贴在一起，而有"心有灵犀一点通"之感应。

气，是很宝贝的宝物，需要你用心去保护它，去照顾它，去滋养它，使它不会丢失，使它茁壮，使它生根，使它开花结果。气，就是呼吸、吐纳，透过鼻腔吸入外在的空气，在体内产生物理变化机制以及精、血、神的巧妙运作，而产生内气，再透过腹部呼吸、逆呼吸，加强心肺功能，以及意念的导引、驱使，就有气的运为，又透过松柔的修炼，使气能沉着而敛入骨髓，形成极坚刚的内劲。

在行住坐卧当中，时时宝贝你的气，刻刻守护你的气，令气安住于神殿丹田之中，时时刻刻都要培养正气，这样，你练武才会有所成就。

还有，练气、练武最忌烟酒，有抽烟喝酒习惯的人，如果想要功夫能有成就，戒掉烟酒是必要的。有一个典故说与大家参考，猴鹤双拳武术家陈老师傅年轻时，有一次打完拳时抽了一根烟，刚好一位老人家走过，顺口说了一句话："练武的人，不要抽烟。"话虽轻描淡写，但是陈老师傅这位心直的人，听了进去，即刻戒了烟。这是何等大丈夫的气魄，当下决断，毫无犹疑，如是性情中人，功夫的成就，不是没有道理的。这是我们的借镜、我们的榜样，智者能取人所长，补己所短。

第65章　形意拳的撞劲

撞劲比较少人提到，也很少人写出相关的论述。撞劲与形意的蹬步是相关的，它们是孪生兄弟，相辅相成，不可或缺。

撞劲，就好像汽车撞着物体，刹那煞车，在瞬间物体被撞飞出、跌落，然后粉碎。如果是撞到人，则是全身骨折，脑震荡，内脏碎裂。

初练撞劲，从形意推手开始，先以双按为之。透过老师的喂劲，每天要喂好几百下至千下，让学生渐渐体会按劲的感觉。双按，两手须有掤劲。掤劲，从站桩、基本功单练、掤架子等练习，要练至双手两臂伸缩有弹力，练至外柔内刚，棉里藏钢，而不是软绵绵的内里无物。这里是简单地谈手的练法。

谈到蹬步。蹬步又称蹚步，最难体会，练错则变成跳步或拖步，或身体虚浮起来，无法沉下去。所以初练形意，从蹬步起练，须练至步稳身沉，蹬出时能如将大地踩沉，向后推移，使身体被推动向前冲撞而出。

有了掤劲，蹬步也已成就，再来则是气的沉坠。气沉包含气沉丹田、沉入脚跟涌泉，手臂的掤劲更须沉坠。全部的动作过程最重要的是完整一气，气劲必须完整，亦称之为整劲，意到、气到、劲到，同步同时完成，刹那引爆，心里一起意，心中一作意，气劲已同步同时爆发。这之间的程序配合如以语言文字来叙述是蛮复杂的。譬如心中起意要发动攻击，气引动脚跟蹬地，丹田之气瞬间沉着弹爆，由脚跟之动能牵引腰胯的弹抖，手的掤劲刹那气贯拳心，飞奔而出。你的脚跟就是你的拳头，它们是一贯的，是一气的，是连体婴，不能切割，有手就有脚，有脚亦有手，手脚同体，也与腰同体，与气劲同体。

在老师的长期喂劲之下，双按之劲若能练就，接下来就是以拳打击，掌能拳亦能，要在真打实战中去体会撞劲的功能。拳头虽硬，但是若能随心所欲，对方被你撞出时，感觉是被弹抖而出，而不是被硬棒打击而出。在双方的实战演练中，被击中只是弹抖而出，虽有些痛，但是不会很痛，因为老师的功力可以掌控自如，随心所欲，点到即止，绝对不会受伤。

撞劲最佳招法就是崩拳、炮拳、还有马形。无人对练时，只能自己单练，运用崩拳、炮拳、马形反复练习，并且要练步法移动互换，脚左右互动，脚步前后左右互换，身形、步法配合腰腿及手法，连绵不断，相续不绝。气宜调整舒畅，有规律，有节奏，快而不乱，慢而不滞，渐至从心所欲。

撞劲成就了，在师兄弟的相互对练当中，能击而必中，中而必出。是直接撞出，是以柔暗内劲撞出，非以蛮力硬推而出，这样才能上战场与人论实战，否则都只是空谈，只是戏论而已，离实战还有一段相当长的距离，离内家拳的功夫，还有十万八千里。

第66章　形意拳对健康的效益

　　形意拳是内家拳之一，是一种兼具健身与防身的武术。一般人的观念，认为形意拳外表看起来属于刚猛威武形态，但那只是明劲阶段时的练法。因为明劲阶段必须把外表的筋骨皮结构先架构完备起来，作为练内暗劲的基础，尤其是形意的蹬步必得先扎好根基，以为练习发劲的预备。

　　有人说，内家拳是不蹬脚的，与太极拳不用手相似。这是门外汉的说法与认知。真正的形意行家，无不重视形意的蹬步，因为形意的蹬步是以暗劲及气的沉着而为，非似外力之拳种所可比拟。

　　形意拳练至暗劲阶段，全身不着一丝拙力，比太极拳更松柔，但似松非松，在松中，内里隐隐潜藏着无可名状的暗潮汹涌及气的沸腾澎湃。形意拳是更讲求以心行气，以气运身的。

　　在五形母拳的每一式单练当中，非常注重内气的鼓荡，筋脉与气息之间的相互折迭、滚荡、拧裹、营拔、缠绕、二争力、阻挠力与全身上下相随的协调，带动内气的强化机制，透过内气的运为而强化细胞及组织功能，达到健康强身，增强免疫能力，减缓老化，以及练就一身好功夫，增进胆识与气势，不怒而威，不必动武而能慑服歹徒。形意拳对健康的效益，以笔者之学员实例来说明：

1. A君在练习形意之前，平常会做慢跑运动，几分钟就会气喘如牛。练习形意半年后，慢跑半个钟头，稀松平常，一点也不喘，他现在已经不知道感冒是什么样子，因为身体的抵抗力增强了。

2. B君在银行上班，因为坐着的时间太长，原本只想稍微运动一下而已。练习形意之后，每一星期减重一公斤，一个月瘦了五公斤，之后就维持正常体重。由于练习得法又认真的关系，一年后的今天，已学会发劲，不仅得到健身的效益，也练就了内家拳发劲的功夫。我想B君一定可以持续练下去，欲罢不能。

3. C君原本患心肌梗塞，开刀治疗后肺部积脓，自己常常闻到恶臭味。他练形意劈拳三四个月后，恶臭味不药而愈，如今更勤练形意不息。形意劈拳在五行属金，人体五脏属肺，勤练劈拳对肺病及气喘有较好疗效。

4. D君是大三学生，练形意拳几天后，一直放臭屁，他说味道非常臭，比平常的臭得多。这情形意味着体内的滞积废气已被排出，是一种好的状况，我劝他少吃肉多运动，他微笑点头表示同意。他学拳蛮认真的，还没缺课过，如能持续不懈，将来一定会有成就。

5. E君原本学拳一阵子了，来我这边学时，打劈拳几趟就喘息不休。他原来一天要抽两三包烟，经我劝说后已减抽一半，喘息情况已有好转。我会劝他把烟戒断，习武之人不应抽烟酗酒的。预祝他能早日戒烟，拳艺精进。

6. F君喜欢重力训练，他练了形意拳的呼吸敛气法后，应用气沉丹田法及腰腿借力法，很轻松地就能达成重力训练。他是蛮高兴的。他是某大学的副教授，最近要出国参加学术研讨会，因为当地治安不是很好，希望我教他一些快速的防身术，我简单地教他形意劈拳的用法，希望他能平安，不必动武。

以上简单举几个实例,来证明形意拳不只是拳脚功夫而已,它也是一种气功修炼及静定力的修持,不只能防身,也能健身,更能藉修炼武术而步入修行的境地。

这些实例,都是真实不虚,他们都是我的学员,都是可以求证与检验的。

第 67 章　随兴练拳成就难

很多练拳的人都是随兴而练，今天精神好就练练，今天时间比较充裕就练练，明天有事就休息，后天要去爬山，暂停。练拳总是练练停停，断断续续，能够坚持、持续不断者，寥寥无几。所以，能真正成就功夫的人是非常稀有的。

这是工业时代练武者的常情，也是通病。人们时间有限，应酬太多，还有无穷的欲望牵绊着，功利的追求，使功夫不能成就。

很多人对武术充满兴趣与遐想，但兴趣归兴趣，能够意志超拔、坚忍不退者甚少，甚少。心里对武术充满遐想，于事也是无补的，武术的锻炼贵在持之以恒、老实修炼，不是胡思乱想而能致之的。

有学生常常抱怨说他的功夫总是没有进步。我问他："你一天练多少时间？"他有些不好意思地说："有时有练，有时没练。"三天打鱼，两天晒网，就不要抱怨功夫没有进展，因为自己努力不够。

功夫的进步，如日进一纸，不觉其多，几年后就有厚厚一叠，此时才能感觉功夫有没有进步。功夫是靠累积而成的，功夫没有速成，也没有不劳而获。功夫不是靠遐想，而是靠实练，你得老老实实地练才有收获。

功夫的成就也不是依靠知识的丰富与拳经理论的理解，知识归知识，理论也须依附于实练当中。如果整天与人空谈经论，辩论自己的认知,而不务实地去练拳,不老实地去修炼,到老来也是一场空,徒耗精神罢了!

功夫的可贵在于实练实证。你练过以后,有实际的体验与悟解,才能言之有物。空洞的理论令人一闻便知,自露馅于方家而不自知,真是可怜悯者。

佛教五百罗汉结集经典,多闻第一的阿难尊者却不能参与,因为还没有实证的功夫。所以多闻与实证是有相当大的距离。因此,知识丰富与实证无关,理论再多,若无实际体验,对于修炼终是没有补益的。

郑曼青大师生前,早上若不练拳则不吃早餐,晚上若不练拳则不睡觉,一代宗师就是如此成就功夫的。我辈凡夫应当效法前辈的作略与精神,功夫始可有成。

内家拳的修炼,内劲与气的养成,更需精进的、持之以恒的培养锻炼,要靠长期的储蓄累积,内家拳的体,才能成就。若是贪着五欲,神气放逸,神不守舍,气不守丹田,没有深刻地去领悟,没有老实地练拳,功夫是难得成就的。

随兴练拳,将浪费宝贵的时间与生命。

第 68 章　如何成就内家拳

想成就内家拳其实不难，只要你有心及肯用心去悟。

所谓有心，是指有超拔的意志力，能坚持到底，能够老实练拳，而不是随兴而练。随兴练拳是现时练拳人的通病，想练时才练一练，意兴阑珊时就荒废了，或者上课日去练练，回家就忘光光，不会主动复习，好像练拳是为老师而练。如果有这种心态，不只功夫不能长进，想得健身也不容易。

内家拳是要累积内气，敛入筋脉而汇聚成内劲，需要日积月累地去储存，才能集微成多。若是练练停停，心存遐想，或只求理论，成天与人辩论拳理，争论不休，而不实际地去琢磨锻炼，难有成就。

每日练拳的时间，早晚各需一小时以上。若是随意练个几下，就与人聊天或妄想，都只是浪费时间，欺骗自己。烧一壶开水，一定要烧沸了才能饮食，若是中途关火，那壶水还是生水。

练拳时一心寂静，一心想的只是一气流行，不作他想，气透过心行及寂静，久了就会腾然，身体有了麻胀沉坠之感，身心松透了，手臂越来越沉重，内劲慢慢累生蓄积；气沉入丹田及脚底，下盘就稳固了，若内气尚未腾然滚热，中途停顿，将白练一场。

所以练拳时间要一小时以上才足够，如果怕苦，非拳中丈夫，不堪造就。

内家拳除了勤练，还得加上用心去悟，如果不求体悟，傻傻地练，将事倍功半，成就缓慢。所以，勤练还得加上慧力才行。

《拳经》云："非有宿慧，不能悟也。"然而，慧力有一半来自勤练，有练才有体悟，无练而空心求悟，犹如佛说"煮沙成饭"，永劫不能成也。

慧力来自多闻及实际体验。多闻，要广闻拳经拳论，要建立正确的知见，如果见解错谬，练成外家拙蛮之力，将枉费一场。

《拳经》《拳论》是过去武术成就者遗留下来的结晶，是写给有相同水平者看的。若是初练者犹不能体悟经论中之意旨，要练到深入时才能恍然大悟。

在练拳当中需不断地与经论作比对，自己的体悟是否正确无讹；若有疑问需求老师解说，加上实践，才能真正悟入，然后，才能越练越有心得。

你的心得一定要说出与老师听，若是闷在葫芦里，也不知对错，有时会走入歧路。

常常说出自己的心得，老师就知道你有没有在练，有没有认真练。你认真练了，老师当然心里有数，当然欢喜，会一步一步将功夫传授下去；你若敷衍地练，老师当然也知道，也只能敷衍地教，因为你如果一直停摆在那儿，老师如何往前教下去？

有志者事竟成。意志不坚，终是凡夫。滴水穿石，铁杵成针。练拳最怕不勤，最怕无心。有心则心想事成。心想不是空想妄想，而是心中有愿，愿力够大，愿力坚强，何事不成？

谨以肺腑之言，与内家拳武术追求者互勉之。得遇知音为欢喜。

第69章　意守神蓄即练功

以前练拳，自己要求自己，每天早上练形意拳一小时，基本功半小时，晚上练桩功半小时，静坐半小时。星期天总复习，包括太极拳、八卦掌及兵器，二三十年如一日。

如今当了教练，自己走过的路，长期累积的历程，很想将亲身所经验的体证告诉学生，练内家拳并不难，只要认真老实地练，要成就功夫并不是困难的事，而且可以缩短时程，未必非得十年八年的，只要能持之以恒、坚持到底，每天练两个小时，不停顿地去累积功夫，五六年要成就内家拳是可期的。

但是聒噪半天，能信受的学生并不多。当然，家庭、事业因素太多，还有五欲的牵绊，能拨出时间持续不断的还是很少。用心用功的当然也有，他们的成就是可以预期的，总有几个可以出类拔萃。

工业时代，大家都很竞争，生活也很紧张，有钱又有闲的人不多，所以成就者就变得稀有。但是如果有心，一天要拨出一两个小时练拳应当是可行的，无志者事难成。

真正拨不出时间，如何？要在生活中去练拳，把练拳生活化，在行、住、坐、卧当中练拳。洗脸刷牙可以练拳，蹲马桶可以练拳，等人、等车可以练拳，工作、游戏可以练拳，爬山、戏水可以练拳，散步、休息可以练拳，处处皆拳。

如何做到这样？只要你一作意即可。所谓作意，就是心中起一个念，起一个练拳的念，有了这个念，你就是在"念拳"当中，你就是在"练拳"了。作意、起念，心中把气守住丹田，神不放逸，安住在自己本舍。此时两臂微微一提，就是练掤劲，胯轻轻一落，就是练气沉丹田，脚跟暗暗撑蹬，就是练入地生根，腰松松拧转，就可牵动往来气贴背，下颏一缩就是虚灵顶劲，尾闾中正就是神贯顶……这是另类的练拳。

我现在练拳就是这样练，真正腾出时间来练，当然也是需要的，如果能在生活起居当中，抓住练拳的每一分每一秒，积蓄累进也是能功夫成就。

躺睡床上也可以练功，这是我最近的体会。躺卧床上全身放松并非易事，总觉得有些地方没有完全松开，当你真正松透了，可以感觉到身体的"沉"，与床表的密合，可以感觉到气的流形，可以感觉到气的凝聚，有时气聚手掌，胀如气球，虽是平卧，气也会落沉到脚底，这是我的体会。

时时意守神蓄，你就是在练功夫。若是神不守舍，意气放逸，一天练八小时，亦将难得其功，因为神不守则气散乱，气不凝结，内劲难生，没有内劲谈何功夫？

若能神蓄意守，手轻微一提，甚至不提，只要作意，手已然掤劲在即；只要意守神蓄，气就能深沉丹田，积壮内气，收敛入骨，汇聚成劲。

五欲的牵绊，使人功夫不能成就。五欲，就是财、色、名、食、睡，以佛法言即色、声、香、味、触。众生都是沉沦在五欲中，争名逐利，贪财、贪色、贪食、贪睡，不能精进用功，所以功夫难成。

第 70 章　武术的虚荣

虚荣心是所有动物的本性，尤其是人类，少不了虚荣心。

练武术的人也有虚荣心。很多人练武术，不是真正地追求功夫，而是追求时髦、赶流行，或是想以练武术而得到人家的刮目相看或博取别人的尊崇。

武术的追求，除了健壮的身体，除了延年益寿，除了武德品格，除了力与美的展现，真正的目标及艺术境界，在于防卫、搏击、实战以及凸显大丈夫的气势与胆识。

很多人练武术一辈子，却不知如何实战应用，不知如何保护自己及家人，遇到突发状况，显得惊慌失措，不知所措，致使外界误以为中国武术功夫只是中看不中用的玩意儿，只是搬弄拳脚的花拳绣腿，因而贬抑了中国武术的价值，使中国武术沦落为至今的肤浅体操运动，贬值为只是练练气功的健身功法。

很多人练武术，只求练很多套路、很多兵器，剑、刀、棍、棒、扇，样样会，但是都只是学得一些皮毛，都只是班门弄斧，都只是在关公面前舞大刀而已，谈何武术的意境，看在方家眼里，除了摇头、叹气，除了唏嘘之外，也真是无可奈何。因为武术的涵义，已被虚拟，武术的真正意义，已被模糊颠倒，已被遗忘。

清末，那些公子哥儿们，一窝风地跟汉人学练武术，形意、八卦、太极，好不热闹，然而，真正有成就者，寥寥无几，为何如此？

他们都是被武术的虚荣所迷乱。在当时，学汉人的武术功夫是被推崇的，是被羡慕的，是值得炫耀的，所以，大家争相追求武术，而真正的用意，都只是被武术的虚华所迷惑而不自知，也没有办法认清自己的目标及方向，没有真正的意志力与决心去用功练武，所以无法有高超的成就。

笔者2008年到美国纽约参加新唐人电视台举办的第一届全世界华人武术大赛复决赛，一位同样从台湾前来的年轻队员，他在台北及宜兰各开了一家武道馆，他门下的学生都是向往武术的。

这位年轻队员，也是武道馆的老师，在私下闲聊时，我们得知他道馆的教学方式及目标全是放在武术拳架的套路比赛上，其他与武术内涵有深切关系的东西，如内劲是什么、如何发劲、如何走化、实战如何应用等方面则一无所知。笔者常常暗想，这些武者学武术的目的与方向在哪里？难道只为了比赛？只为了拿一些奖杯摆在家中向人炫耀？

中国台湾及大陆的练武者，大部分已将武术真正的方向搞偏离了，尤其是大陆的武术比赛已全部偏向体育体操方式，你得能跳、能跃、能劈腿、能翻滚，能将脚高举过头，这样你才能在比赛时拿高分，才能夺标。裁判不懂得去欣赏武者的内涵，不会去看武者的气劲是否浑厚，下盘是否生根入地，有无以气领身，气是否鼓荡连绵，发劲是否完整一气，是否有断续处、凹凸处，是否只用蛮力、局部力。

台湾的练武方向及目标，与武术比赛方式，遥遥相追于大陆，直追大陆的屁股后，赶着流行。

中国台湾与大陆武术一起倒退噜，一起朝着体操方向走。与世界其他武术越来越相背离，自己局限在自划的框框内玩得不亦乐乎，要真正的实技交战，能上战场者不多。

中国功夫，已被电影所虚拟，老外被虚拟的假象而弄得自己模糊不清，纷纷到中国来学功夫。他们学到真正的功夫了吗？或者也是莫名其妙地跟着这些虚浮的武术，陷于虚荣的泥沼中而不自知？真是可怜悯者。

古代修炼武术，因为没有法律的保障，为了保护自己的生命，所以要练实用的技法。现在，虽有法律，但是掳掠抢夺奸杀事件仍是层出不穷，如何保护自己，如何扶倾，发挥正义感，都是武术的修炼范围。武术不只是打打拳架、健健身、练练气功而已，武者的修炼涵盖正气、除邪、济弱、侠义、武德等。

若只为区区的名利、浮华不实的虚荣，若只为了好斗欺凌，虽在武术的领域有所造就，仍是一个被武术的虚荣所系缚的可怜悯者。

第71章 抖 劲

也许你常常在公园或学校、文化中心及某些场合，看到某一门派的人打起太极拳，手指刻意一直不停地抖动，或者他是自然的抖动，就认为他是有功夫、有内劲的，其实不见得。

真正的抖劲不是如此。抖劲是腰胯的弹抖，是丹田之气的引动。它弹抖时是全身整劲的弹抖，是完整一气的，是同时同步的，其根在脚，由脚而腿而腰，一股气刹那同时上传而形于手指。它的弹抖，是腰的弹抖，腰像苍龙抖甲般、像弹簧般地快速弹抖，像狗狗洗完澡将水快速抖干的全身弹抖，而不是手指局部在那边抖个不停。若是手指局部在那边抖个不停，那叫刻意、叫伪装、叫虚假、叫小儿麻痹、叫巴金氏症。

有个拳友是练某种太极拳架的，从起势后到收势，几乎招招都要抖掌指的，看起来好像很有劲，去参加拳架比赛也拿过金牌。但是实际发劲时却是空无的，手无掤劲，脚无根，气虚浮，打到身上不痛不痒的，一点劲道也没有。这是不务实的练法，到头来只换个武术的虚荣，蒙骗自己而已。

有一位师伯，以前在台南市政府上班，日本占领时期，窗户是木头玻璃的，地板也是木头的，无事时就安静凝神屏气，当静极生动时，全身刹那震动起来，抖得玻璃窗噼里啪啦地响。这才是真正的抖劲，只有气动才是真正的抖劲。真正的抖劲不会一直抖个不停，只有在静极生动时，只有在意念的驱使下，如迅雷般地发生。

练太极拳的发劲是有时辰的，不宜一直在那边发劲抖动。发劲是会损耗内气的，会衰竭我们的能量，对健康养生而言，是不宜的，是有害而无益的。发劲试力的练习，需择期而练，练的时间也需控制，过与不及都是不好的。如果内劲还未成就，只宜探究而练，否则功体尚未成就，练发劲只是内气的耗损及空转，对功夫是无所帮助的，对身体也是有害的。

某派拳架，几乎从头到尾都在发劲，曾看到一个颇有名的老师表演该拳架，他打到三分之一时，已经气喘如牛，脸色发青，损伤了元气而不自知。长此以往，对延年益寿是走倒退路。

抖劲在发劲时，身手会快速如弹簧般地弹回，腰是极速地弹抖数下。抖劲的要件，需借丹田之气及脚的根盘打桩撑蹬，藉脚掌的借地打桩反弹而上，令气在丹田处自然鼓荡，顺势刹那引爆。当引爆的刹那，弹抖劲已经击打到对手身上快速弹抽而回，不会在那边抖个不停。

武术追求实际，能练出真正的功体——内劲，能用能发劲才是真功夫。若整天只求单方面的拳架之美，或杂菜面样样来，或标新立异，或画蛇添足，只想博得他人一时的虚幻赞许，或娱人自愚，都是俗者凡夫，将自己宝贵的时间、生命，浪费在武术的虚荣中，空废一生，非是智者。

第72章 何时开始练推手

练太极拳,什么时候才可以开始练推手?这是一个极大的问题,是见仁见智的问题,也是颇有争议的问题。

传统太极拳,光是习练拳架就得三五年,甚或更久,才能开始练推手,有时要看各人的资质或勤学的程度,老师才会放手教推手。

以前,有位师兄弟离开老师,跟一位某派太极拳老师学练。七八年过去了,有一天相遇,大家互谈练拳情形,他说老师还在改拳,没有教别的东西,包括推手。我一听真的傻愣,何时才能更上一层楼?是自己懈怠,没认真练习,还是老师另有他的意图思维,不得而知。但是,我私自想,如果七八年还在改拳,那要改到何时才算拳架完善,有没有一个次第时间表?就像求学,总不能一直呆在小学程度,不能升进到初中、高中、大学吧?如果一直让人在原地踏步,算不算误人子弟呢?学生如果不堪受教,只得令其另寻高明。若一直把学生留在身边,而功夫却无所长进,老师是有过失的,是值得自我检讨的,否则误人误已,罪过大矣!

有的老师教拳,只是一直在教拳架,或止于刀剑棍等兵器的练习。笔者曾跟一位老师修学多年,就是如此。我一直恳求老师教我一些散手实战的技法,老师却说:"拳架熟稔了自然会用。"我只得离开老师。在我多年的摸索及与拳友的相互练习对打中,我深刻地体会一件事,拳

第72章　何时开始练推手

架无论多么熟稔,在实战对打中是不能灵活应用的,你得在功体内劲成就后,特别拨出时间来实际练习对打,才能实战。这位老师说真的是误了我很多宝贵的时间,但是我还是很感恩的。

在我教学多年后,深深体会,误人子弟,罪过真的很大,浪费了人家的宝贵时间及金钱。所以我在教学当中,绝不会藏技,故意留一手,学生稍微有基础,就会开始教推手及简易的实战防卫技巧。

有些学生练半年,或比较认真资质又好的,三四个月我就开始教他们推手。学推手,没有固定的时间表,它与拳架不会相冲突,而且有相辅相成的作用。在推手中,可以体验拳架是否松柔,有无其根在脚,有没有主宰于腰,有无完整一气,是否上下相连、内外相合,有无虚实分清、变化得宜,有没有身立中正安舒等,从推手中,可以体会拳架该如何打,如何用。一方面练体,另一方面练用,谓之体用兼备,是可行而且正确的。

我以此方法教学生,他们的进步是神速的,一年多已练出一定的内劲,也懂得发劲及走化与接劲,与那些练五六年或更久的人,一摸一搭手,即知功力差别所在。这些学生短期而有所成就,他们当然是欢喜的,如果能够持之以恒,将来的成果是可以预期的。

不必再执迷于某些老师的深度,也不必以为推手是难学的,只要遇上好的老师,他是不会藏技、故示神秘的。

当遇到好老师,应当珍惜,如果还迟疑不决,就会旷废时日,浪费光阴。

第73章　形意明暗劲之难易

形意拳的祖师爷常说："形意拳，易学难精。"诚哉！斯言。形意拳确实是很容易学习的，因为它的招法真的很简单，不论母拳五形，或子拳十二形，动作都是简捷明快，一学就会。步法更是简单，一实一虚、一奇一正而已，都是直来直往的比较多，只有其中子拳十二形的燕形、龙形、猴形等稍微复杂些。

形意拳虽是简易，但真正能学好形意者并不多见。为何如此？其症结在于形意之明劲与暗劲，令人难以掌握正确的要领，加上老师很难有耐性一一去纠正指导，一看学生慧力稍差，讲了几次仍无法体会真正的练法时，就把学生放弃不管，让他自随自练，懒得再多费口舌，结果学生就一路错下去，无法再回头，即使有缘再遇到善知识指导的，然而其性已定，无法再纠正回来。这样的老师罪过是很大的，因为他误了人家。误人子弟，罪过滔天，不可不慎，这是要负因果的。别以为这是一件小事，因为拿了人家的钱财，耽误了人家宝贵的光阴。

形意拳古来的教学方法都是先学明劲，后练暗劲。但是明劲，很多人练错了，练成了拙力、硬力、蛮力，如果成形定性了，就很难救转回来，以后要进入暗劲阶段是非常困难的。

明劲正确的练法，是不用拙力、硬力、蛮力的，只是它的外形比较明快、豪迈、奔放、雄壮、威武，蹬步较大、较远，动作速度稍微快捷一些，而它的内里，仍是以心行气、以气运身的，仍是以腰为主宰，节节贯串的，仍是上下相随、内外互合的，仍是有整体协调性与节奏性的，也是主张完整一气，非局部以手挥动的，非以手主动使力的。

暗劲，非是松懈、散慢，而是松柔、舒缓，是外柔内刚的，外表平静柔和，内里却是暗潮滚浪、澎湃汹涌，全身处处充满二争力的互争、互荡、互拧、互拉、互扭、互裹，形成一股股、一波波的沸腾之气的灵动，终而沉聚累积成极坚刚的内劲。

明劲与暗劲，如果体会错误，则失之毫厘，谬以千里。

拳法无定法，教拳需观察个人的根基。身材魁梧有力者，如果教他先练明劲，他天生的蛮力就会自然一直使出，进入死胡同，无法转救。所以遇到孔武有力型的，要先教他放弃先天之力，改以柔性的练法。

如果是身体瘦弱型的，可以先练明劲，尤其是形意的蹬脚撞劲要先练出来，然后再转入练暗劲，始易有成。

明劲与暗劲，也可以互易互练，并不会相冲突。练一阵子明劲，蹬劲出来了，就可以练暗劲。或先练松柔的暗劲，有成了，再补以蹬脚明劲。

若是固执古法，一成不变，顽守定规，不能因材施教，随类而导，难以教出优秀的学生，则形意拳的承传就会逐渐没落。

第74章 塌 肩

塌膝，稍有听过；塌肩，好像是一个新名词。其实塌膝与塌肩是同一个意思，也是拳法练习与应用时的一个通病。

塌膝，是膝盖瘫塌，没有支撑力，在发劲时，那个杠杆原理的支点失去了。失去了支点的支撑力，在发劲时就无法省力，就会拼出蛮力。再者，膝盖瘫塌则脚跟虚浮，失去平衡中定，肯定是挨打的架子。

塌肩，是肩膀塌陷无力，或者耸肩虚浮，无法坠沉；肩不沉则肘不坠，肘不坠，则支点亦将失去，支撑力没了，劲也将难以施展。

肩，是整只手臂的根节，若根节瘫塌，劲将何施？塌肩则无掤劲。掤劲是肩、肘、手的整体乘载，缺一即非完整，没有完整，即是凹凸、断续、缺陷。

打拳时，发劲时，肩微微伸展，似直非直，似曲非曲，外表松松柔柔地沉坠着，内里的筋脉需有弹性撑持着，似松非松，将展未展。

发劲时，劲由脊发，由脊催肩，肩催肘，肘催手，总须完整一气。肩若瘫塌无撑着力，劲如何传送至手？掤劲涵盖肩、肘、手。肩肘手的掤劲，由含胸拔背而致，若胸不含背不拔，肩肘手亦将失去依靠。

含胸拔背需靠腰胯支撑，腰胯需靠脚足支撑。故谓："其根在脚，发于腿，主宰于腰，形于手指。由脚而腿而腰，总须完整一气。"

脚的根节在足掌，手的根节在肩膀，身的根节在腰胯，三根齐至，加上丹田之气的引导与意念的到位，合之为完整一气，方可谓之整劲。

第75章 中 定

中定，身立中正安舒，是为中定，这是狭义的说法。有时身未中正，有些斜度，但身法、步法能够取得平衡而无败阙，依然可以称为中定，这是广义的论述，也是笔者个人主张的看法。所以中定是涵盖斜中正及四面八方的偏中正，不一定死定在那里，身如木板，而谓之中定。

在虚实变化中，如果能随时取得平衡点，能够支撑八面，立于不败之地，即谓之中定。不是如木头人，如机器人那么呆板，正经八百地矗立着。

缺乏生机活泼的中定，是呆滞、冥顽的，是死气沉沉的，是一潭死水。

中定，不是双重，也不是双腿的比重，五五是中定，四六亦中定，三七也是中定，只要取到平衡点，善于变化虚实，就是中定。

中定里面是有虚实的，它随时能够支撑八面，变化虚实，所以它不是双重。

双重是中定，因为在双重中，若能随机变化虚实，取得平衡，亦称之为中定。

虚实是中定，因为能透过演变的虚实而取得中正平衡。

只要能支撑八面，立于不败，即为中定。

第 76 章 脆劲与 Q 劲

脆劲，是干净利落，不拖泥带水，如同撕裂物体，一撕即裂断，不会藕断丝连。

脆劲，如采水果，顿挫一采，果粒与枝梗即刻断离；若是用拉扯之力，果粒会随着枝桠牵连而动，需到一定的距离，果粒才能被拉扯分开。

以脆劲打人，会令人全身颤抖悚栗，魂飞魄散，内脏瞬间移位。

脆劲，也可称之为冷劲，冷不提防，劲已着身，如迅雷不及掩耳。脆冷之劲一触着，会吓得人一身冷汗，刚想逃避之时，身体已被击中跌出，等回魂时，犹是莫名所以。

打撞球，瞬间拉杆折回，当母球撞击子球之刹那，子球奔撞进洞的结实力道，可以去联想脆劲的威力。若是推杆的话，力道则有天壤之别。

汽车撞到一个物体，忽然刹车，轮胎刹那锁住，物体被震飞天，这也是一种脆劲的比喻。

一根薄薄的塑料绳，如以拉扯之力，想让其断开，是很困难的。只要打个活结，以脆劲顿挫一采，即刻断裂，这是脆劲。

太极八法发劲，皆可发出冷脆之劲。譬如采劲，会采的人只要拇、食、中三指或拇、食二指轻轻一沾一扣，微一作意，气一沉，就能将人之全身撼动,也不需屈膝落胯,甚是微妙,甚难思议。

脆劲,是以己身的气劲,去到对方的摧枯拉朽。

Q劲,彷佛面粉之筋道,擀揉面粉搓面团,需要力道与时间,二者兼到,粉团才会又Q又有劲,可以耐摔耐打耐拉而不断裂,它是具有弹力的,拉长后它会自动回缩,恢复原状。

内劲初生之时是不Q的,是僵固的,是嫩稚的,是不活泼,是没有生机的,是没有变化的。要把它揉,把它搓,需要时间去琢磨,需要用功去淬炼。彷如一把好剑,有柔软、有坚刚,可以曲直伸缩,可以削铜砍铁。

Q劲,可以吸,可以放。吸即蓄劲,放即发劲;吸即拉弓,放即射箭;吸即化劲,放即反弹,化打一气。

Q劲,可以乘载蛮力、拙力、硬力,迭时可以乘载万斤,折回时却可以使出无穷的巧劲。在折迭之中,似松非松,若刚非刚,是柔中带刚,是刚中含柔,它是中道,不偏不倚。

劲,需要依靠老师的喂劲,日久而Q,Q了才能发出脆劲。

脆劲,是Q劲成熟了,千锤百炼之后的结晶。

第77章 牵 拖

牵拖，台湾方言之意乃是把责任推卸到别人身上，或没把事情做好而迁怒别人。

练内家拳，则需确确实实做到"牵拖"，否则功夫很难上身。

如何牵拖？比如，你要做一个按掌，不能单靠手臂的局部力量出掌，而需靠肩牵拖肘，肘牵拖手，一节牵拖一节。手则靠腰胯牵拖，腰胯靠腿足牵拖。

以外表肢体而言，全身动力在脚跟，由脚跟节节贯串，一节催促一节而形之于手，形成一股完整的劲道，也称为完整一气，或整劲。

牵拖，是拖曳的意思，被拖着走，不是自己自动走，手被腰拖着走，腰被脚拖着走。牵拖的时候，要慢，越慢越好，越慢，气感越大、越麻、越胀、越沉。好像打针，要慢慢地运使暗劲。

往前牵拖的时候，气循着相反的方向挤压，形成一股自然的阻抗力，全身每个关节都有相对的二争力，无令丝毫间断。

一个水瓶，装半瓶水，用手提着前后动荡，上提时水是往下流，下摆时水是往上流，都是反向而行，逆势而行。打拳要去体会这个道理。

牵拖，最重要的是内气的牵拖，外表肢体去配合。如果不以气为动力，那只能算体操，练不出沉劲，练不出极刚强的内劲。

没有牵拖，劲亦不Q；劲不Q，以后就不能打出寸劲、冷劲、脆劲。

脚跟以意念沉入地里，向下向后踩去，使身体向前牵拖，身体被牵拖而出，是整面整体的，根不能虚浮而起，要更沉，深入地心。

好像在水中泛舟，桨往后划动，桨要沉进水中，划动需用暗沉之劲，将舟牵拖向前，顺着水的势力牵动舟身。

水有阻力，打拳犹似陆地行舟，把空气当成水，自己要去制造一股阻力出来。要用身体去感觉，你感觉到了，东西就上手了，其余的就要靠你持续不断去累积你的功夫。

太极前辈常谓"不用手"，意谓打太极是不用手的，手只是轻轻地、沉沉地掤在那边，靠着腰腿来使运，靠着内气来驱动。若是手主动、自动，没有被腰腿牵拖，没有靠内气暗劲牵拖，那叫体操，不是打拳，那叫"舞"，不叫"武"。

牵拖时，内气是鼓荡的，筋脉是舒张的，是活泼有生机的，是有弹力的。

牵拖时，一处有一处的掤劲，全身处处不离掤劲。全身之掤劲需互联、互合、互随，互相照顾，不使有断续处及凹凸处。

牵拖至劲Q时，你腰一抖、一甩、一牵、一拖，空气的气流会与你相感、相应，气会被你拖着走。内外气相合时，你一作意，内劲即可随身而应，轻轻一顿、一带、一采、一按，就能将对方全身撼动。到那个阶段，到那个时节，到那个火候，你才能体会什么叫神妙，什么叫不可思议。

第78章　譬喻与拳理

释迦牟尼佛讲经说法，常用"譬喻"来解说佛理，令众生容易悟入，使众生能够得度。

练拳学功夫也是一样。拳经、拳论，对一个初学者而言，多数人会觉得很难理解，不知所云为何。或者依文解义，而失之毫厘，谬以千里；若是理会错了，就相去十万八千里，想成就功夫，难矣！

譬如，《行功心解》云："全身意在精神，不在气，在气则滞。有气者无力，无气者纯刚。"这边所谓的气是指浊气、拙力，若误为真气则全盘皆错矣！

又譬如，《拳论》云："偏沉则随，双重则滞。"这边的双重，非指双脚的双重，而是指全身的虚实不能随心变化而产生的滞碍，才是真正的双重。若误以马步的双脚之持力相等而视为双重，则误会大矣！何故？

因为《拳经》云："虚实宜分清楚，一处有一处虚实，处处总此一虚实，周身节节贯串，无令丝毫间断耳。"因为全身各处皆有虚实可分、可变，所以才会说处处总此一虚实。

譬如说"沉"，如何让一个初学者体会"沉"字？在身体的感觉上他永远无法理解"沉"的意义。我常会举起自己的手臂，叠放在他们的手上或身体上，我一用力，肌肉绷起，青筋暴露，手臂虚浮而起，感觉不到我手臂的沉重；我一放松，轻轻搭上，反而觉得沉重无比。

"沉"，好像一块棒棒糖融化了软软地往下流动。我们的身心松化了，气一样会往下沉入。初学时需靠一丝意念去带动，修炼一些时日即能体验沉的涵义。这些只能自己去练，自己去意会。

譬如，我说，发劲就像打桩，桩一打下，是结实的，是瞬间的，是不拖泥带水的，是利落干脆的。桩一打，一股反弹力随之而上，劲已同步同时而出。这如用讲的，到何时你也体会不出来，只有靠老师亲自喂劲，才能稍有体悟。

譬如，我说，手掌只是一个发劲的工具，发劲的原动力在脚跟。初学者总是莫名其妙，我就实地让他们试着发力，他们用尽吃奶之力，也是无动于衷。还是得透过喂劲方式，让他们试着以脚跟发劲，慧力好的很快就能进入状况。

练内家拳，要懂得自我制造一个阻力。我常做这样的譬喻：拿一瓶半空的水瓶，前后摆动，当你的瓶子向前晃时，水是往后流动，向后则反之。在练拳时，手向前伸出，内气要往后催动，余则类推。打拳必得如此，气才能内外鼓荡、相合，慢慢生出相拧之劲、弹力之劲，终而完成极坚刚之内劲。外家的听了以为我又在讲神话，但我可以肯定地说，此语不虚，是真实语，信则练之，不信看过就算，当我没讲。

我常譬喻，丹田像是一个气囊，好像皮球充满着气，用力越大反弹越高。丹田这个气囊何尝不是如此，它的爆破力像炸弹，不是老牛拖车之蛮力，以丹田之气发劲，不需距离、速度，而能瞬间摧毁。

第 78 章 譬喻与拳理

譬喻语录："打拳如打针——慢慢催送。""打拳如划桨——后推前进。""掤劲如海水——能载万吨船。""苍龙抖甲发劲——似小孩玩手玲珑。""手掤如吊挂——被吊着的。""拳架如行舟——把空气当成水。""折迭如火车轮——彭恰彭恰。""腰似弹簧——苍龙抖甲。""虚领顶劲——关公看千秋。""坐掌立腕——手如荷叶。""行拳会说话——肢体语言。""双重非病——虚实变化所必经。""打拳不能将拳身重量只许放在一只脚上——跛脚鸭。""打拳要牵拖——自造阻力。"……

第79章 断续与丢顶

《拳经》云:"一举动,周身俱要轻灵,尤须贯串……无使有缺陷处,无使有凸凹处,无使有断续处。"《行功心解》云:"往复须有折迭,进退须有转换。"《打手歌》云:"似松未松,似展未展,劲断意不断。"这些经论,一再地强调,无论打拳架或练基本功或在推手散打时,是不能断续与丢顶的。

断,就是分离、散开,没有连接在一起。譬如,打拳架或练基本功,如果没有相续,没有绵绵不断,把一个完整的动作一分为二,中间有所停顿、中止,没有把它圆成一个弧,接续上去,变成有一个空档、一个隙缝,使得一个动作失去了连贯性,这就称为有"断续",中间有一个小小的裂缝。这个"断续",会使得内气无法获得贯串,无法一气呵成,使气的运行不能完整,就变成一种缺陷。

没有连续贯串,就是"丢"。用拙力打拳,就是"顶"。在推手而言,"丢",就是没有粘、连、黏、随,肌肤皮表与对手分开,失去神经触感机制,无法获知对手来势、来力的动向与出力的大小,失去预知能力,失去主控权,无法掌握先机,无法知己知彼,百战不殆。"顶",就是利用拙力、蛮力、硬力去顶抗,想使自己立于不败之地。"顶",有存心去顶及走化不了,露出死角,形成一个让对手有着力点的机势,自己处于劣势、败势。所以,走化不了也会形成一种顶。

顶的后续就是抗。顽抗，拼了老命，也要抵抗到底。顽抗的结果，最后都是惨败收场。

断与丢，虽说是一种病，然而这是狭义的说法。

广义而言，断与丢，在高手应用得当时，能断而复连，丢而再续，它就不是一种病了。譬如说，在推手应用时，你一提劲将对手提起，对手虽已脚跟虚浮而起，但身体后仰，顽强顶抗，你只要轻轻一松开（手离开对方身体）一引，对方会很听话，身体会跟着被下引，你再顺势一接一搭，再放劲使对方跌出。这其中的轻轻一松一引，手瞬间虽有离开对方身体，在广义而言，这不算是断与丢的，所谓断而复连是也。而且，这是一种高度的技巧，只有高手才能使得出来。

譬如，高空特技的荡秋千，两组两人式的，甲组下方之人放手，去承接乙组之人的手，这中间是分开的，但他能掌握时间与空间的机制，当他承接到乙组之人的手时，就是复连了，中间虽有断，但断而复连，终而作了一个圆满的续合。

广义而言，这不算是断，真正的断，是有了缺陷。有了缺陷是很难再相续的，就算勉强相续了，也是有凹凸不完整的，这就是有了缺憾。

所谓"藕断丝连"，藕虽断了，还有丝相连着，你一提，下段的藕还是会被牵动而起。在推手时，双手离开对方身体，表面的虚相看似乎是断了、丢了，但是藕断丝犹连，手丢离了，还有气相连，你要能牵动气与势，把气与势再复合相连，以逻辑学来说，应该是可以通的，只是不信者恒不信，那就当作是讲神话了。

这是笔者个人的见解与体会而作之论述，不是创新，前人不一定说过，也可能有人已经说过，但这却是我个人的心得之论。

第 80 章 默识揣摩

《太极拳论》云:"默识揣摩,渐至从心所欲。"不论你学习任何运动、技艺、功夫,"默识揣摩"这四个字是非常重要的,尤其是练武术。默,是静静地、默默地、在心里面暗中地忖度。识,是分别,辨识,以意识去思维、判断、分析整理,用脑筋去认识、记忆。揣,是揣测,端详,度量,用心意识去揣度。摩,是模仿、观摩、学习、磨练。学武术,观师诀很重要。台湾的俗谚谓:"溜溜秋秋,吃两蕊目啾。"意谓学东西,学功夫,要滑溜、顺当,全靠两只眼睛。观,是观看、观察、审视。观要观得明,观得细。老师在前面教,你得把他的一举一动观察入微,详详细细地收摄入眼帘,储存到脑海里。就像计算机之储存数据、信息一般,巨细靡遗,丝毫无漏。

观察收摄以后,你要静静地、默默地在心里面暗中地忖度,把老师教学时的影像慢慢地回放、流放出来。然后,用心思维,用意识去分别、辨识,去判断、分析整理,去认识、去记忆。认识清楚了,记忆纯熟了,你得去揣度、模仿,跟老师一模一样地演练出来。这就是默识揣摩。默识揣摩以后,渐渐地,慢慢地,经过你的用功,经过时间的磨练,功夫就纯熟了;功夫纯熟了,要用的时候,你就能够随心所欲,相互契应。

这是依字义的狭义说法。广义而言,默识揣摩不只局限于外表动作的模拟与观摩，还涵盖着心思与触觉、感觉与反应等，而不局限于眼睛、眼识的狭隘范围。譬如推手，你不能单凭眼睛去观察，还得用皮肤神经触觉去感应，去觉受，去领会。如果光凭眼睛是不够的，还要有老师的口传心授。老师的口传心授，你得用耳朵去听，用心思去领纳，用神经去感觉。是用心思、内意去思维、考虑、领受，去默识揣摩，你的六根、六尘、六识，五蕴十八界，几乎都得派上用场。

当你功夫成就后，你得把这些通通舍弃，如果你已到彼岸，那个舟就用不着了。功夫上手了，这些法就用不着了，一招一式，是有形的法。功夫纯熟了，变成无招无式，在无招无式中却蕴藏着变化无穷的招法，已不是固定式、机械式的招法，在无招无法中，却能有招有法，此则谓"从心所欲"，此则谓"出神入化"。

经验的累积，也可以自己去默识揣摩。譬如实战搏击，你的招法变化，由迟钝、生疏，而渐至熟稔、顺遂，这中间的过程，你更得去默识揣摩，功夫才能日渐增上。默识揣摩不是固定式、机械式的模仿，你如果固执一个死法，不能举一反三，不能触类旁通，那你只是一个印模，一个死板的模仿品，不是一个生机活现的艺术珍品，只是一个工匠雕琢的凡俗物类。

所以，默识揣摩是可以自己去创造，是可以自己去缔造自己的风格，不是一味地墨守成规，拾人牙慧，随波逐流，自缚于死胡同中。

默识揣摩，不论是从老师方面学得，或从其他各方面拾得，都可透过自己的默暗思维去重新整理，自我虚拟、揣测、模仿，而且不是局限于外表的拳架、套路、招势等，还包含用法及拳理的推移等。

学习拳术，如果只会一成不变地从老师处或书本或光盘影片等印制过来，那么就好像读死书一样，只会死背死记，没有经过消化后而吸收，也就是说没有融会贯通所学的东西的理路，就像学雕刻、学书法、学字画等，只会照着模仿，而无自个儿的创作，这样的结果，终究的成就只会成为雕刻匠、画匠，不能成为卓越的艺术家。学拳也是一样，不可学成武夫、武匠，而是要成为一个武术家。

默识揣摩，要有正确的理路、思路，不是胡思乱想，不是故意标新立异，而是在循规蹈矩的拳道中，展现自己独特风格与发明。这样的默识揣摩，自己的风格中，有老师的正确拳法在其中，也含融有拳经、拳论等经典的正理在里面，也有自己独特的风格发明之呈现，到这个地步，你才能达到"渐至从心所欲"的境地。

所谓从心所欲，就是说你的拳法与拳理，都融汇一炉，在拳理方面，可以正说反说，说法无碍，辩才无碍；在拳法上，能达于"拳无拳，意无意，无意之中有真意"的神明境界。

第 81 章　苍龙抖甲

拙作"抖劲"一文，有如是描述："抖劲，不是手指刻意一直不停地抖动。真正的抖劲，是腰胯的弹抖，像苍龙抖甲般、像弹簧般的快速弹抖，像狗狗洗完澡将水快速抖干的全身弹抖。"

文章发表后，有一网友来信问苍龙抖甲是什么功夫，笔者回答说，是八卦掌的招式功夫。他又来信质疑，说他问过几位练形意拳、八卦掌的朋友，都没听过苍龙抖甲这种功夫，怀疑我是瞎掰乱造的。

只得引据王师爷树金先生在 1980 年所著的《八卦游身掌》第八掌——苍龙抖甲第 95 页中，有如是明示："接连起伏抖动两次，如蜻蜓点水。全身抖动，如公鸡抖毛状。又如狗自水中出来之抖水状，故取苍龙抖甲为名。"这样回答后，那位网友终于无言。

苍龙抖甲，是一种全身弹抖的抖劲，是由脚跟而发。如果脚跟的桩基没有成就，如果不懂得发劲的要领，任你怎么抖也抖不起来，就算腰有在动转，但是就是不像，很别扭的，很造作而不自然，全身晃动摇摆，好像骨头没接好。

我们这一门，学练八卦游身掌第八掌——苍龙抖甲，很多人都练不好，练不起来，顶多只有腿腰晃来晃去、摇来摇去，就是抖不起来。

练苍龙抖甲，必须桩法成就，两脚入地生根，要以暗劲来使。如果以脚的蛮拙力去使，抖起来，根会虚浮，不能以暗沉劲抓住地力，所以使起来就会全身摇晃颠簸，因为骨头没有"落插"，根不入地，桩没有打入地。

另外桩法成就还得要懂得发劲的窍门，如果不会发劲，也是弹抖不来。若是会发劲，但只会明劲，不会暗劲，也是弹抖不起来。明劲直来直往，就是一下，再一下，不能迂回曲折，随曲就伸。

苍龙抖甲，就像小孩玩鼓玲珑，两指轻握玲骨下端，往复来回动转，使玲骨造成一个自转，两边的铃铛变成一个公转，自转越小，玲摆越快。玲骨下端，譬喻我们的脚跟。两指使的是巧劲，轻灵而不用力，若是用太多的蛮力，铃铛就会断断续续、忽快忽慢，鼓声就会忽大忽小。

苍龙抖甲，不是练着好玩的。在实战对打时，一拳一掌击出，要即弹抖而回归位，可以准备第二波的攻击或变化攻势。

譬如，右掌侧劈头部，弹抖而回以崩拳崩打腹部，或崩拳打击腹部，迅即折回以钻拳攻击头部；也可接二连三地快速连打，谓之硬打硬进无遮拦。硬打硬进，并非盲目瞎打，而是因为攻击的内劲浑厚，而且身手如苍龙抖甲般疾速，对方只有节节败退，毫无招架之余地。

苍龙抖甲与闪电手是相关的。腰能快速弹抖，手才能如闪电般的疾速。手如果没有腰的带领，就变成局部力，变成拙力，不能完整一气，不能成为一个整劲。

腰身的苍龙抖甲，与手的闪电霹雳，都须藉脚跟的入地打桩反弹，所以站桩就变得很重要，站桩是武术的基础。有人以为站桩很单调、枯燥无味，那是因为不懂站桩，练成死力，当然越练越苦。如果练到生出东西来，你一天不站桩，都会觉得很可惜，因为功体一天一天在累积，不练岂不可惜。

实际上，站桩并不枯燥。站桩是外静而内动，意动，气动。你要会使气，会吞吐，会运转，会鼓荡。气，是生动而活泼的，它是有灵魂的，你可以与它对话，跟它建立感情，它与你情同手足，相连相契，永不分离，谓之守气，如照顾你的爱人一般，呵护着，看顾着，不可须臾分离，永远厮守着。如果能像热恋爱人那样，你说站桩还会乏味吗？不练才可惜呢！

也许，站桩，你不会感觉有功力增加，因为站桩是零存整付，你一天存一块铜板，不觉其多，一年后就有很重的分量。

功夫在累进的时候，你并无感觉，等到水位爆满时，功夫自然会溃决而出，让你觉得不可思议。

桩功成就了，经过老师的喂劲，很快就会发劲，会打桩，会借力，会自然弹抖，腰也能够苍龙抖甲，闪电手也能快速成就，水到渠自成。

第 82 章　内家拳的抗击打

内家拳的练法，是以心行气，以气运身的。功夫深时，能使气沉于丹田，形成一个气囊，是可以抗打击的。而且太极拳注重推手的训练，功夫好的人，可以接劲，将对手攻击的力道承接消去。所以，太极拳是有抗打的作用与训练的。

太极拳真正的走架就是在练内功，在练内劲及活动式的桩法。

太极拳并非完全单在走架上用功，也有推手及散打的练习，只是练散打的人比较少，走健身路线的比较多，所以常被一般人误会太极拳是软手软脚的，无法跟人对打。

太极拳比较少人练打沙包，有者也是练粘连黏随的听劲手法及发劲的打法，与一般拳击的打沙袋方式不一样。

太极拳实际没有什么秘传，所有的功法都在《拳经》《拳论》《行功心解》等经典中详尽记载。如果有所谓的秘传，也只是花招笼罩初学者。

太极内功练到某个程度具有抗打效果，而且能够借力打力，被打到哪里，哪里就会有内气凝聚而反弹，所以太极拳有所谓"全身皆手，手非手"之谚语。

西洋武术练习快速的挥拳或出掌，这对于练习速度与反应不能说没有作用，但是还有更好的练法，各个派别练法各有不同。如太极拳是以练习听劲的灵敏反应,而能快速地挥拳或出掌;形意拳则以蹬步撞劲而快速地挥拳或出掌;八卦掌则以摆扣游走至他人侧背而快速地挥拳或出掌。

内家拳对于抗打击的训练,只是透过平常的练气,经由松柔不用拙力的修炼,使气自然沉坠于丹田,然后将气守于丹田,日积月累,丹田之气愈聚愈满,汇集成一个坚固的气囊,柔中带刚,可以承受重力的打击,而不会伤及内脏。而且那个气是富有弹力的,在受到重力的打击时,会自然产生一股反弹回击的劲道,打击的力道愈大,回弹的劲道也愈大,这是真实而且可以验证的。

内家拳的抗打击,除了气的成就之外,就是听劲灵敏的自然反应。神经触感的极度敏锐,被接触点的一种自然反射作用,被打到哪里,哪里就会产生反应,反射回去。不像练硬气功者,需先运气在那边等候,也不需鼓气努力硬使,那种硬使的硬气功,是有时间性的,是间歇性的,不能作突如其来的应变,是一种死法,是一种死功夫,不是上法,不是上等功夫。死功夫易练,二三年可成;活功夫难学,三五载只能小成。

第83章　外家拳与内家拳

外家拳与内家拳，很明显的分别就是外家拳练外，内家拳练内。

所谓外，是指外在的肢体，大部分指手脚四肢，它的动能偏重于手和脚，它的功能是比较局部性的。它在运动操演时是局部功能的发挥，所以就得练出很大的力量来，甚至有些门派，需借重外物或药洗来操练，如举重、石锁或器械等，使手脚力量增大并且坚硬如铁，以致能击破或摧毁而达到技击的效用。

所谓内，是指体内之气机，利用神意及静定松柔的方法加以导引开发，使潜藏在体内之气生动活络起来，利用内气来驱动肢体关节肌肉筋脉等，而令气遍全身。当气被开发导引至相当时节，气会产生腾然的作用，然后沉藏于骨髓之内，收敛成无形的内劲。

力，是比较笨拙呆滞的，使出来也是局部的，直来直去的；劲，是机巧灵敏变化的，不只可以直来直往，也可以走圆弧，可长可短。它的完整一气，可以瞬间爆发，不用时间速度距离，它可以贴身打人，深至内脏，摧枯拉朽。以力打人需要距离加速度，容易被人缠粘走化，而且它的杀伤力仅达于肌肉表层，不易透里，这是力与劲的差别。

外家拳，认真地练，短期就会看到小小的成果。而内家拳因为需要时间去累积内劲，所以短期不易有大成就，但是两三年内也会有小成果。当看到了成果，会令人一头栽进去，越练越有味，当功夫大成时，比较不会退失。

练外家拳比较使力，速度较快，看来比较威猛；内家拳练法是松柔缓慢的，需要以心行气，以气运身，走温和路线。

一般武术家把形意、八卦、太极归类为内家，之外的归类为外家，大体上是这样区别分类的，而实质上要看他的练法。譬如形意拳，若是体会错误，也会变成使力的外家拳。如太极拳，如果只是外表松柔，没有内劲，只能算是体操罢了，不能称之为武术或拳术。八卦掌如果练成轻忽或类似歌仔戏的走步，那也不能归类为内家。反过来说，少林或太祖拳，如若能以内家之方法来实践，以运气敛劲来操练，也可以称为内家。

所以，不必刻意去分门别派，只要好而实用，能够达到健身及技击效果，就是好的武术。

少林拳虽被归类为外家，其实少林内院也是练内功的，他们也会练气，也可以称为内家。所以，练内家拳的不可鄙视外家拳，而自高自慢。

有些练太极拳的，他们瞧不起少林拳，这样不好，虽然太极打起来温文儒雅，但是如果只练成体操式的没有内劲，也是不堪一击，没什么好自傲的。

在台湾有人已把猴拳、鹤拳转变为松柔练气的练法，成就非凡。所以武术是不必分内外家的，应该内外一家，你适合练什么，得靠自己的智慧及机缘，老实认真地去经营，才能成就上等的功夫。

第84章　美人手与坐掌

手是太极拳的灵魂，在打拳架时，手是有内涵、有生命的，不可呆板、泥滞。

有人打太极拳，主张所谓的"美人手"，意在强调走架时手掌要平直，手背筋不浮露，手指与腕不能弯曲，如古代美女娇弱无力状。

然而，在拳架或用法之中，手的表现，不能全部是美人手的，有些地方需要坐掌或坐腕。

"坐掌"，系意念在掌中，有推按发劲之意，在意到劲到之时，手掌下沉，成为立掌，自然形成一个"坐腕"的按压状。

"坐掌"其实并非使用蛮力，所谓"腕坐而有根"，所以也是手背筋不浮露，似松非松，似直非直，曲蓄而有余，完全是一种内劲的表现。

"美人手"是拳架的局部表现，指体；坐腕是发劲的表现，涵盖体与用。

在太极拳经论之中，并无"美人手"这个名词与类似的释论。

"美人手"强调的是手的局部之松，然而，综观《拳经》《拳论》《行功心解》等所阐述的重点，大都在于"周身的轻灵贯串""气的鼓荡，神的内敛""虚灵顶劲，气沉丹田""曲中求直，蓄而后发""劲以曲蓄而有余""松腹，气敛入骨""劲似松非松，将展未展"等，这些都是在强调气、劲的重要与致用。

第 84 章　美人手与坐掌

打太极拳,松是必要的条件,但不是全部的内涵。松的目的,在于使全身得到轻灵贯串,使气能鼓荡内敛等,终极目标是成就极坚刚的内劲。

"周身的轻灵贯串",在于气的虚实转换;至于"气的鼓荡,神的内敛""虚灵顶劲,气沉丹田""松腹,气敛入骨"也是在阐述气、劲的重要。"松腹,气沉丹田",配合"以心行气,务令沉着",终而气"乃能收敛入骨",因为行气的"极柔软",然后成就"极坚刚"之内劲。

所以,要成就太极拳的功体,在于"松腹",在于"腹内松净气腾然",然后"气敛入骨",成就内劲。内劲成就后,就是劲的施为、用法;"曲中求直,蓄而后发""劲以曲蓄而有余""似松非松,将展未展"等,都是在说明内劲的用法。

拳架当中,手并非都是"美人手",双手按出去,是需要"坐掌"的,若不"坐掌",腕部则无根,气不沉敛;发劲时,手腕欠缺依靠力,没有一个根,没有一个基座让它依靠,发劲定当不实、不沉、不深透入里。

"美人手"在拳架中,只有推按的部分能施展,单鞭的吊钩、上步靠、下势的右钩手等,都是要"坐掌"与"吊腕"的;做"挤"的动作时,内手若不"坐掌",动作就会显得僵拙。

拳架中的"手",该直则直,该弯则弯,应钩则钩,应坐则坐,配合着气的运作,才叫作"曲蓄而有余",才叫作"曲中求直,蓄而后发",才叫作"似松非松,将展未展",不宜一成不变。若是一头到底都是"美人手"则谓之顽执,谓之食而不化,谓之不会"因敌变化示神奇"。

在推手运用之中,手的灵活运作相当重要,要像龙蛇之腰一般灵活而有劲道,尤其是指、掌与腕部的转换,更必须神灵活现,这样才能粘连黏随对方，使对方在自己的掌控之中。所谓"掌控"并非"美人手"所能掌握施为的，要"掌控"对方，除了听劲的灵敏之外，还得靠指、掌、腕的灵活巧变，如果指、掌、腕不能灵活变化，不仅无法"示神奇"，必将永远变成"挨打的架子"。

发劲，靠的是"节节贯串""完整一气""根根相连"。踝、膝、胯、脊、肩、肘、腕，都是身体各部的"根"，缺一即不完整，缺一即不是"整劲"，缺一就会形成"断劲"，因为没有相连，没有贯串成为一个整体。

有主张谓：美人手，才能气达指尖，气才能舒开，才能到达末梢神经，手上筋脉才不会曲折等。如果这种主张是正确的话，那么，身体都保持不弯曲，僵直的不折迭，那躺着就好了，都不要活动了。

凡有活动，必定有曲折，这样才能保持灵活，否则，我们身体的骨骼架构就不需有那么多的关节，天生赋予的关节架构，就是让我们能灵活地运动，若舍而弃之，岂非愚痴？如果因"美人手"始能气达指尖、气能舒开、气达末梢神经，筋脉才不会曲折等，那么，若依"美人手"这个逻辑，整只手臂挺得直直的，也不需垂肘沉肩，像僵尸一般，岂不更好？还有，若依"美人手"这个逻辑，腰胯也不需沉落，站得直直梆梆的，岂不更能使气通达全身？

"美人手"在推手或实战时能不能致用，是值得探讨的。拳架之"体"的理论，应该要能与实技运用相通相容才是真理，若"体"是体，"用"是用，分开而别名，则不能称之为"体用兼备"。

那么，试观，"美人手"在实技上如何应用？

在"双按"时，若手掌平直而不坐掌，定然无法将人按出，勉强按出，亦将不能深入透里，劲道难使。

做"采"的动作，手指需扣拿对方，指掌无法像美人手那样平直。做"捋"的动作，下手需抓扣对方，是必须曲折的，无法施展美人手。做"掤"的动作，不论是接劲或发劲，腕部定需微弯，作为基座，始有承载力道。做"挤"与"靠"的动作，内手扶按外手时，一定要坐掌，才能支撑、附着、踏实地里应外合。"挒"的动作，也是杠杆原理，也有一手的含扣，所以也不能施展美人手。做"肘"的动作，无论是后肘打、横肘打还是上肘打，内掌腕一定得微向内弯，使外腕形成一个圆弧，掌腕才有掤劲，可以增加肘打的劲道。

王宗岳老前辈的《太极拳论》说："无过与不及，随曲就伸。"要伸展的时候，需先弯曲；曲是蓄劲，伸是放劲，有曲有伸则蓄放始能完整贯串。任何事情都要取"中道"，过与不及，都非中道。

武术，涵盖"力""用""美"。

"力"，是外家的说法，内家称之为"劲"，"劲"的养成，主要素是"腹内松净气腾然""松腹，气沉丹田""松腹，气敛入骨"等。"美人手"虽说含有松的成分，但整体而言，美人手只是整体的一小部分，是整体的一个支末，若过于强调"美人手"，或以筹建"美人手"而为自己支系之招牌或注册商标，似乎是本末倒置了。

"用"，太极拳的运用，是灵巧而富于变化的，而手、指、掌、腕可说是整个肢体的重要灵魂。如果是固执于美人手，在太极八法的致用上，就会被局限，在推手或实战中，将会陷入自我预设的美人手框框之中，难以灵思巧变。

"美"，须符合"力"与"用"，才是有内质之美，否则也会变成没有实质内涵的空心之美。

太极拳含摄刚柔之美、动静之机、阴阳之架、虚实之巧，整体内外之表现，皆需符合中道原则。《拳论》云："无过不及，随曲就伸。"该曲则曲，应伸就伸，过与不及都是不宜的，应该展现美人手的美时，就要美人手，需要坐掌、坐腕之时，就不需美人手，要因敌变化而示神奇，这才是智者的太极拳。

第 85 章　站桩并不枯燥

站桩是中国武术的基础，要练成精湛的功夫，得从站桩下手。

西洋武术不谈站桩，他们也不懂得站桩。中国人有些是崇洋的，不知自家的宝贝好，认为外国的月亮比较圆，外来的和尚会念经，说到自家的宝贝武术，他们有的会嗤之以鼻，不屑一谈。

那么，谈到站桩，他们总是不大认同的，自认为只要练好肌肉、肌耐力，打打沙包，加上一些速度，就要得了。有人甚至反对站桩，认为无聊，无济于事。如果再谈到"气""内劲"等，则认为是天方夜谭，歪脸否认。

中国人是智慧的民族，虽然科技还不如外国人，但智慧是胜于他们的。外国人虽然科技进步，能发明原子弹、核武器，但不代表有智慧，他们不知道人体内有穴道、有经脉，不知道体内有"气"。其实原子弹、核武器也是气的结合，那些原子、分子等，分裂到最后，就是气。试想，气爆的威力何等惊人，可以使人粉身碎骨。然而，外国人只知科技，不知气是可藉由人体的修炼而产生某种程度的作用。

以武术的立场而言，"气"是可以透过修炼而累积而储存的。《拳经》云："以心行气，务令沉着，乃能收敛入骨。"这是武术的至理名言，是古人武术的智慧结晶，是武术修炼者之成果呈现，是后代武术修学的最佳路径。若能按着这些经论而修炼，如果慧力够，要成就武功是绝对可以的。

那么，站桩的作用是什么？是练练腿力而已吗？或是站着好玩，让人家认为你是练功夫的人？若是存着武术的虚荣心态，于事无补，于功夫无益。

站桩是透过心灵的宁静，以意念引气下沉，透过鼓荡导引，令气腾然，而坠于脚底涌泉，经久而生根入地。就像高楼的地基，需要深沉稳固，若盘石般的坚实而屹立不摇。

桩法有固定桩及活动桩。固定桩如三才桩、浑圆桩等；活动桩就是拳架的形，打形要有桩，步步有桩，稳如泰山。无桩则漂浮不定，虚妄不实，空有其表；有桩则中定、平衡，虚实变化得当，才能得机得势，无有败阙。

站桩时，眼观手，回观入心，要把神意收敛在心，不可心猿意马，妄念纷扰。把气固守于丹田，让它温热，而腾然，而收敛入骨，久集而汇聚成内劲，这是拳经所言，也是武术的至理名言，不必置疑，而且必须确信，才能成就无上的功夫。

吸气时，气贴于背，以意观想，久之而有感觉。吐气时，气沉于丹田，以微意及暗劲徐徐往下运至脚底，不能用拙力鼓气硬使，经久则气入地而生根。

运气是生机勃勃的，是生意盎然的，是灵动活泼的，是绵绵不绝的，你必须与自己宝贝的气建立互动关系，保持体贴关怀，时时呵护着它、照顾着它，当它是自己的知己、自己的爱人。这样，你说站桩会枯燥吗，会单调吗？

当你有一天练至有功力，且有明显的增进，内心的欢喜踊跃，信心建立起来，你一天不练站桩，都会觉得可惜，因为少集存了一分功力。

第 86 章　拳理之研究与实践

内家拳的理论、拳谱、经典，比一般外家拳为多。很多学者几乎可以倒背如流，脱口即出，说起拳论，头头是道，口沫横飞，意气风发，欲罢不能，不识者就会以为此人功夫了不得。实际则不然，会说不等于功夫好。

俗话说："瞒者瞒不识，识者不能瞒。"诚哉，斯言。

一个没有透过实际践履而成就功夫的人，只会靠理论糊弄人，讲一些长篇大论糊弄初学者，糊弄不识者，所言不离拳经、拳论那一套，不离道家那些活计，不离五行、八卦、阴阳以及粗浅的力学范畴。

你请他发个劲让你瞧瞧，他说这会伤人的。你说那推手怎么推，他得近身靠着你，双手贴进你胸部下方，奋力一推。这不是糊弄初学者是什么？

俗语说："行家一出手，便知有没有。"是不是高手，骗不了识者，任由你理论说得天花乱坠，你一搭手，识者即知你的斤两，你的手沉不沉，内劲浑不浑厚，脚盘坚不坚固，有没有练出暗化劲，一搭而晓。

内家拳必须实实在在，认真去实践、去练、去思维、去悟。不是听听、看看，或作虚妄的理论研究而可得。没有实作，没有坚持，没有安忍，没有宿慧，是无法成就功夫的。

很多聪明人，都被聪明所误，就是太聪明了，专门研究拳谱、拳经等理论，学了几套拳及刀、枪、剑、棍，就卖起瓜来，招生授徒，开起道馆，大肆宣传，俨然大师，比比可见。

有的只会拳架，没有真功夫，也来误人子弟，追求名闻利养。如果学生问，如何防卫，如何技击，他说，拳架熟稔了自然会用，你只好一直跟着耗下去。有一天，你拳架真的熟稔了，发现还是不能应用实战，才恍然知道受骗，斯时已耽误了不少宝贵的时光。

要遇到一个明师，除了靠缘份以外，你起码对内家拳得有些认识。

内家是以松柔练气行功为主，若不懂呼吸吐纳、行功运气，非内家拳。若无法指导你气如何沉，劲如何生，桩法如何练，掤劲如何成，非是明师。

若本身没有练就内劲功体，若不会发出浑厚的内劲，只会使蛮力，不是明师。若不会为学生喂劲，指导发劲要领，不是明师。若你所提出的问题，无法得到满意的答复或所述与经论相悖，不是明师。若只会讲讲说说空洞的理论，而无实功夫，不是明师。若只会褒扬自己、包装自己，而贬抑别人，不是明师。修炼内家拳，当然得靠拳经、拳论、行功心解、打手歌等经典作基础，这些经典是前辈成就者的心血结晶，是修炼内家拳的指引，但读经看论得透过实修实练而得悟解。当你练至某一个水平，你才知道这经典说的是什么，能悟解那个道理，才能越练越精，终有所成。

若看而不练，若说而无实际，尽是空洞的理论，把理论当学术来研究，终是会得到一个结果："练拳不练功（实际功夫），到老一场空。"只换得一个虚妄的空名，只是一个武术的虚妄者。

第 87 章　绵掌与发劲

以两掌向人发劲，需是松绵而富有弹力的。如果发劲者自觉双掌碰触到对方身体是硬硬的，就是自己用到拙力，用到两手的局部之力，没有整劲，没有完整一气，不是以腿腰、以气来发劲，而是以天生自然赋有之蛮力而为的，也就是说，是不懂得发劲、不会发劲之人。

练就浑厚的内劲之人，而且兼具会发劲的人，发劲的状况是，两掌轻触对方，轻松一弹，对方即全身弹抖而出，是直弹而出，非只是倾斜或拖泥带水的退步或移动，是干脆而利落的奔弹跌出。

而且按到对方的身体，对方皮肤肌肉被碰触的感觉就像一层棉絮裹身一般软绵绵的，外表的皮肤肌肉没有僵硬绷痛的感觉，但身体里面的脏腑确是非常震撼与惊悚的，有如临深渊、如履薄冰的危机之感受，但等被打跌出回神之际，才觉身体安然无恙，而自叹不已。

这是高手的发劲，他可以掌控自如，点到为止，不会伤害到对方。但是千万不要误以为这样的发劲没有杀伤力，不能制服对手。错矣！他既有能力让对方跌出，当然就有办法打倒对方，只是不愿伤害人而已。

若是一般的蛮拙力、快速爆发力，出手是无法节制力道的，打出去就出去了，难以收手控力，所以往往会造成无谓的伤害。这些蛮力的武者，有时会被贬抑为武夫，因为他只是知道打架，不晓技击当中还有人生哲理，还有丰富的智慧与修为。

那么，这绵掌如何成就？发劲如何让人不觉痛？

首先，得先成就自身之功体。功体包含桩功、气劲的浑厚，腰腿的弹抖劲及手的掤劲。

站桩是武术的基础，没有桩，任你多会打，都是空壳子，是没有内涵内在的。而且发劲是需要靠打桩的，没有像盘石般的桩，是无法发劲的，只能使使粗糙的蛮力。

气劲的浑厚修炼，得靠以心行气而令其沉着，乃能收敛入骨，这是拳经之名言，也是老生常谈，但是没有明师口传心授，也是很难成就的。

腰腿的弹抖劲，须能像苍龙抖甲般的弹抖（请参酌第81章"苍龙抖甲"一文），不再赘述。

手的掤劲，也是由站桩盘手，透过松柔的运气行功，而令手劲沉积，成就掤劲，双手两臂，似松非松，似紧非紧，柔中有刚，刚中有柔，外柔内刚，棉里藏铁，轻似羽毛，沉如千斤。

功体成就了，还不一定会发劲，如果没有明师的喂劲，难免僵拙横蛮。如何喂劲，请参酌第6章"谈喂劲"一文，不再啰嗦。

如何发劲令人觉得是"绵掌"，里面有很多的技巧，须是老师当面解说演练，反复不停地说，反复不停地练；领会能力好的，很快就能悟入，悟性差的，可能半年、一年、两年，或更久，但只要坚持下去，总有领会的一天。

图书在版编目（CIP）数据

内家拳武术探微. 上卷 / 苏峰珍著. - 北京：人民体育出版社，2018
ISBN 978-7-5009-5248-0

Ⅰ. ①内⋯ Ⅱ. ①苏⋯ Ⅲ. ①内家拳–基本知识 Ⅳ. ①G852.1

中国版本图书馆 CIP 数据核字（2017）第 226331 号

*

人民体育出版社出版发行
三河兴达印务有限公司印刷
新 华 书 店 经 销

*

787×1092   16 开本   17 印张   197 千字
2018 年 3 月第 1 版   2018 年 3 月第 1 次印刷
印数：1—5,000 册

*

ISBN 978-7-5009-5248-0
定价：41.00 元

社址：北京市东城区体育馆路 8 号（天坛公园东门）
电话：67151482（发行部）   邮编：100061
传真：67151483   邮购：67118491
网址：www.sportspublish.cn

（购买本社图书，如遇有缺损页可与邮购部联系）